業界研究ガイド

医療・介護

業界の課題と経営改善のアプローチ

JN071304

山田コンサルティンググループ株式会社
ヘルスケアコンサルティング事業部　編著

一般財団法人
大蔵財務協会

は じ め に

　山田コンサルティンググループ（以下、弊社）では、コンサルティングの実務を通じて得られた知見に基づき、業界別の経営課題へのアプローチを解説したテキストをシリーズで発刊しています。本書は、医療・介護業界にかかわる人を対象として解説したテキストです。

　本書では、医療・介護業界向けの支援実績を豊富に有するコンサルタントが日々の案件実務を通じて得られた経営課題に関するアプローチを解説しています。本書で解説しているテーマは、多くの医療・介護事業者に共通する経営課題であり、多くの経営者や事務長、財務・経理の責任者のご参考になるテーマを取り上げました。さらに、医療・介護業界と取引しているが業界のことがよくわかっていない方、新規に取引することになり業界のことを理解する必要がある方等、これから業界のことを学ぶ方を対象とした基礎的な論点を解説した項目も設けています。Q&A形式ですので興味があるテーマからご覧いただけます。

　弊社は、企業（法人）の規模や業種を問わず、国内外のクライアントに対して、戦略立案・実行、新規事業計画検討、事業再生、事業承継、M&A、人事、海外進出・撤退、IT、不動産、教育研修等、様々な経営課題に対応する総合的なコンサルティングファームです。その中で筆者が所属するヘルスケアコンサルティング事業部は、病院や介護事業を運営するクライアントに対して支援を行っています。また、事業承継や

M&A、人事制度の見直しといった経営課題についても、医療・介護業界に精通したコンサルタントが対応しています。

　医療・介護業界は一般になじみの少ない専門用語が多くあふれています。また、医療・介護事業者を取り巻く制度環境は複雑であり、加えて、定期的に改正・改定があります。更に、医師をはじめとして、患者の生命に直結するサービスであることによる職業倫理という事業特性もあります。そこで、弊社では、業界に精通したコンサルタントが必要と考え、医療・介護業界向けの専門組織を立ち上げました。

　事業部創設当時の自民党政権下において、診療報酬改定は大幅なマイナス改定が続いていました。多くの病院は経営悪化の一途であり、事業再生や業務改善等の相談が多く寄せられました。それから15年間、医療・介護業界に特化して多くのクライアントへのご支援を続けてきました。これらの実務から得られた経験が、少しでも皆様のご参考になれば幸いです。

　本書の執筆に際して、大蔵財務協会の編集局の皆様には多大なご指導、ご協力を頂きました。同局のサポートがなければおそらく本書は日の目を見ることはありませんでした。この場を借りて御礼申し上げます。

　超高齢社会に突入する一方、日本は既に総体として人口減少局面にあり、今後、加速していくことが見込まれています。需要面における構造変化への対応に加えて、働く担い手の不足という課題が目前に、あるい

は既に迫ってきています。一方で、医療・介護サービスは地域社会のインフラ機能です。人々が安心して生活していくために医療・介護サービスが健全に維持、存続される必要があります。総じて、筆者の見解としては、医療・介護サービス業界の再編が必要だと考えます。人口減少社会における医療・介護の在り方について、弊社が少しでも貢献できるようこれからも邁進していきます。

　最後になりますが、本書の執筆時点において、全世界的な新型コロナウイルスの感染拡大が深刻な状況です。病院の経営は、行動様式の変容に基づく受療行動の変化等もあって、コロナウイルス患者の受け入れ有無にかかわらず、マイナスの影響を受けています。一方、医師・看護師をはじめとする医療従事者の皆様は、最前線に立ち、日本の医療提供体制を支えておられます。本当に感謝の念に堪えません。一刻も早く収束することを願いつつ、弊社として最大限のサポートを継続していきます。

山田コンサルティンググループ株式会社

ヘルスケアコンサルティング事業部

増井　浩平

目　次

第 1 章　概論編

第 2 章　外部環境編

第 3 章　経営管理編

　目次の📱マークはこれから医療・介護業界のことを学ぶ方向けの内容となっています。初学者の方は、はじめに📱マークの付いた項目をお読みいただけると、各章全体の理解を深めることができます。

第1章

概論編

1　医療サービスに関する基礎知識

Q　医療サービスやマーケットを理解するための基礎知識や統計データを教えて下さい。

POINT　医療サービスを提供する主体は主に病院と診療所であり、病床数によって区分される。病床には様々な種類があり、一般的な入院医療は一般病床、療養病床にて提供される。

受療率の高い高齢者人口が増加するにつれてマーケットは拡大する見立てがある一方、病院数は基準病床数制度に基づく総量規制により減少している。

病院運営は様々な規制があり、制度理解が必須である。また、あわせて病院の主要民間部門である医療法人に関する制度も押さえる必要がある。

A ••

1．医療サービスの供給面に関する基礎知識

医療サービスは医療施設において提供されます。主要な医療施設は病院と診療所です（医療法における医療提供施設には3（24ページ）で解説する老健や介護医療院も含まれます）。

医療施設は、病床数（ベッド数）に応じて、病院と診療所に区分されます。20床以上を有する医療施設が病院であり、19床以下の施設は診療所に区分されます。大半はベッドを有していない無床診療所です。なお、診療所はクリニックや医院と呼ばれることもあります。

一口に病床といっても種類があり、医療法では以下の通り規定されて

2

います。対象とする患者の疾患や状態に応じて5つにわかれています。

図表1 医療法で定められている病床の種類と病床数

精神病床 （326,666床） 精神疾患を有する者を入院させるための病床

感染症病床 （1,888床） 感染症の予防および感染症の患者、新感染症の所見がある者を入院させるための病床

結核病床 （4,370床） 結核の患者を入院させるための病床

療養病床 （308,444床） 上記以外の病床であり、引き続き医療提供は必要とするが病状は比較的安定しており、主として長期にわたり療養を必要とする患者を入院させるための病床

一般病床 （887,847床） 上記以外の病床

備考：病床数は2019年の数値
出所：厚生労働省のデータを基にYCG作成

　一般病床と療養病床において一般的な入院医療が提供されていると考えていいでしょう。本書はこの二つの病床を有する病院を主に想定して解説しています。

　なお、近年、人口構造の変化に対応するための医療提供体制の見直しに際し、医療機能という概念が地域医療構想において用いられています。医療機能とは、病床の種類と同じように、患者の状態や提供される治療の内容に応じて4つに区分されています。筆者の整理では、一般病床と療養病床を、受け入れる患者の疾患や状態に応じて更に細分化した考え方です。後述する、基準病床数制度という量的な規制に加え、機能という質的な規制を設け、しかるべき医療提供体制の構築（地域医療構想の達成）に向けた取り組みが進んでいます。医療機能や地域医療構想に関

する動向はついては、**8**（76ページ）および**6**（57ページ）で解説していますので合わせてご参照下さい。ここでは患者の疾患や状態に応じて受け入れる病床が決められているということを押さえましょう。

　図表2は病院と診療所数の推移です。診療所は長期間増加しています。一方、病院は1990年付近をピークに減少しています。

図表2　病院・診療所の施設推移

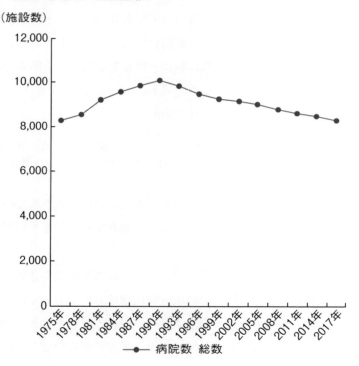

（施設数）

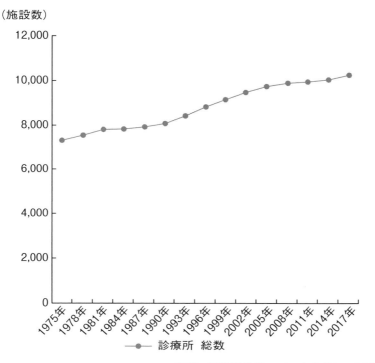

——●—— 診療所 総数

出所：厚生労働省のデータを基にYCG作成

　病院を開設または増床するためは、開設地域における都道府県知事の許可が必要です。ところで、その地域に既に存在・運営されている病床数（既存病床数）が、医療計画が定める基準病床数を超えている場合、病床過剰状態であることから、都道府県知事は新たな病院開設・増床を認めないことができると医療法に定められています。基準病床数制度と言い、総量規制等と呼ばれたりします。

　医療計画とは、医療機関の地域偏在や過不足を防止・是正するために、各都道府県において必要な病床種類別の病床数（基準病床数）を定めた計画です。医療計画は３年置きに中間的見直しを行いつつ、６年サイク

ルで運用されています。

　病床過剰地域においては、原則、病院の開設・増床を行うことができ
ません。つまり、基準病床数が当該地域における新規参入の制度的障壁
となっていることを意味します。本書で取り上げるテーマの一つにＭ＆
Ａがあり、病院におけるＭ＆Ａの制度的根拠として総量規制があること
を押さえましょう。基準病床数制度に基づくと、多くの地域は既に病床
過剰であるためです。もし新たに病院を開設、または増床を検討する場
合、病床過剰地域において用いられる手段は既存施設のＭ＆Ａのみです。
近年においてＭ＆Ａを取り巻く動向は変わりつつありますが、病床過剰
地域において既存病床は既得権益として価値を有していると見られてい
ます。

　病院に絞って、サービス供給における傾向をもう少し見ていきます。
図表3は病床規模別の病院数の割合です。

図表3　病床規模別病院数

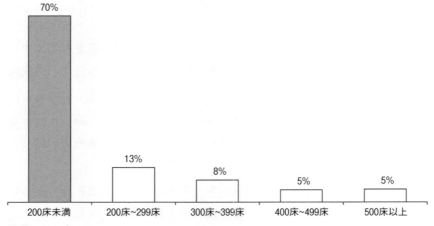

備考：2019年のデータ

出所：厚生労働省のデータを基にYCG作成

　規模による明確な区分はありませんが、公的な調査において200床未満の病院を中小病院として定義されることが多いようです。つまり病院数に占める中小病院の割合が大半であることがわかります。

　続いて開設主体の違いについて見ていきます。図表4は開設主体別の病院数です。病院は多種多様な関係者によって成り立っていることがわかります。済生会や日赤、厚生連等の病院は公的病院、都道府県や市町村等の自治体が運営する病院は公立病院と整理されています。いわゆる民間部門の病院は医療法人や社会福祉法人、個人等によって運営されている病院です。全体の8割近くを構成し、医療提供体制において中心的な役割を担っていると考えられます。

　なお、医療業界は集中度が低い業界と言われています。集中度とは業界上位の事業者における市場の占有状況を示すために用いられる用語です。医療業界では、業界大手上位による占有率は病床数ベース10％に満たないと見られます。なお、集中度が高いと言われる医薬品卸業界において、上位4社の占有率は8割を超えているようです。

　次節で解説する介護業界は、医療業界以上に集中度が低く小規模事業者の割合がマーケットの多くを占めています。医療、介護いずれも業界としての成熟度は低いと言えるかもしれません。

　なお、政策側は、法人の大規模化による生産性向上を狙っています。4（32ページ）で解説している通り、きたる2040年において、いよいよ働き手が不足すると試算されているためです。法人規模の拡大を推し進め社会問題に対応しようとしています。再編を促す制度の創設や見直しが進められ、今後、業界再編による集約が進む可能性があります。

2．医療サービスの需要面に関する基礎知識

　医療サービスの需要面における動向について見ていきましょう。

図表4　開設主体別の病院数

総数	実数
	8,300
国	322
公的医療機関	1,202
都道府県	198
市町村	612
地方独立行政法人	108
日赤	91
済生会	85
北海道社会事業協会	7
厚生連	101
国民健康保険団体連合会	－
社会保険関係団体	51
公益法人	199
医療法人	5,720
私立学校法人	111
社会福祉法人	197
医療生協	82
会社	31
その他の法人	211
個人	174

備考：2019年のデータ
出所：厚生労働省のデータを基にYCG作成

　図表5は人口3区分別の長期推移と割合です。日本は2008年に総人口が減少に転じました。それ以降一貫して人口は減少し続けています。他方、高齢者人口および高齢者人口の占める割合は拡大しています。現在、超高齢社会と言われる高齢者人口割合21％をゆうに超え、2020年時点で28.9％です。総じて人口構造の変化が進んでいます。

図表5　年齢3区分別人口及び人口割合の推移と予測

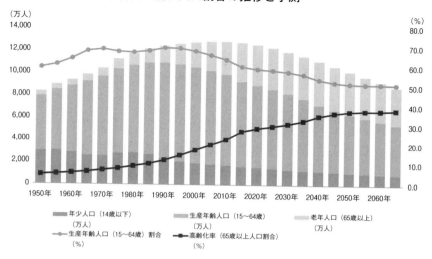

出所：総務省

　人口構造の変化は医療需要にどのような影響を与えるでしょうか。図表6に年齢別受療率を示しました。受療率とは、調査日時点において入院、通院および往診いずれかのサービス提供を受けた人数の人口比です。通常、人口10万人当たりの人数で表されます。これをみると高齢になるにつれ急激に増加します。自明のように思われますが、高齢者は人口に占める医療サービスの利用割合が高いということです。

　つまり高齢人口が増加するにつれ、患者が増えるということが想定されます。病院からみるとマーケットが拡大するということを意味します。ところが、7（67ページ）で解説する通り、実は、細かくみていくと既に減退局面にあるマーケットも存在します。高齢者が増えると病院の顧客である患者が増えるという考えは短絡的であり、詳細に分析することが重要です。

図表6　年齢階級別人口10万人対受療率

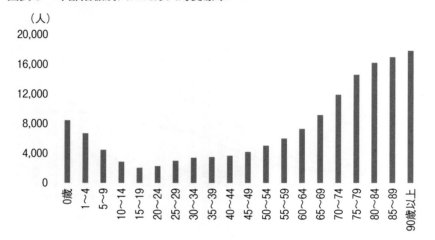

備考：2017年のデータ
注：受療率は推計患者数を人口で除して人口10万対であらわした数
出所：厚生労働省

3．病院運営に関する特徴

　病院運営に関して本項では3つの特徴を解説します。

⑴　収入の大部分は保険収入で構成されている

　医療サービスは保険収入によって賄われています。保険収入を算定するためには各種の法制度を順守する必要があります。医療業界の損益構造や事業性を理解するために欠かせない制度知識があります。診療報酬制度と報酬改定です。診療報酬は国が決めている医療サービスの単価であり、事細かに算定ルールが定められています。そして、診療報酬は原則2年に1回改定され、その動向は病院経営に多大な影響を与えます。3（24ページ）、5（40ページ）で制度概要と改定のトレンドおよび病院経営への影響について解説しているのでご覧下さい。

(2)　医療機関の運営には所定の人員を配置する必要がある

　病院運営に関する規制の一つに職員配置があります。前項で触れたように、病院として運営し保険収入を得るためには、医師や看護師、薬剤師等の医療有資格者を病床数や患者数の多寡に合わせて配置する必要があります。仮に人員配置を満たせない場合はペナルティが課せられるか、もしくは病床を一部休床にする等、事業活動の縮小を余儀なくされます。

　なお、従来、看護師配置を手厚くすることで入院医療において高い報酬が得られるような制度設計になっていました。近年では人員配置に加えて、病院のパフォーマンス（重症患者割合等）が、高い報酬を得るためには必要になりつつあります。この点は**5**（40ページ）で解説しています。

　話は変わりますが、多種多様な職種からなる病院組織をいかに活性化させるかというテーマは多くの病院で課題となっているようです。解決の方向性としては、明確なビジョンの基、人事制度の見直しや中間管理職の育成が必要です。人事に関するテーマは**24**（200ページ）、**25**（211ページ）で解説します。

(3)　多額の設備投資が必要となる

　人員面に加えて、建物の構造設備についても安全上、衛生上、防火上、療養環境上等、様々な視点で基準が定められています。サービス提供には診察室や手術室、処置室やその他医療提供に必要となる各種設備・施設を設ける必要があり、多額の設備投資が経常的に必要です。特に、高度かつ専門的な医療提供を行う急性期機能の病院は投資負担が重くのしかかります。

4．経営主体に関する特徴　医療法人を中心に

　前述の通り、病院の開設主体は多様ですが、民間部門における構成割

合の多くは医療法人です。本書の多くのテーマも医療法人立の医療施設を念頭に解説しています。本節では、事業運営に関して押さえておくべき医療法人の制度について触れます（医療法人の類型や機関（社員総会、理事会、評議員会等）等については割愛）。

(1) 法人代表者である理事長は原則医師である必要がある

　よく言われていることかもしれませんが、医療法人を代表する理事長は原則医師または歯科医師である理事のうちから選出される必要があります。医学的知識を持たない人間が経営判断することで発生する問題を未然に防ぐため、という趣旨のようです。なお、都道府県知事の認可を受けることができれば、特例的に医師（歯科医師）以外の理事でも理事長になることができます。しかし、様々な要件があり容易ではありません。

　いわゆる理事長要件は、例えば事業承継の検討において論点となることが多いようです。繰り返しになりますが、医師でなければ制度的に経営者になれないからです。実態として経営権を握るということはあるかもしれませんが、法律的には経営者にはなれません。

(2) 事業活動に制約がある

　医療法人は、病院や診療所、老健の開設・運営を目的として設立される法人です。従って、これらの施設の運営が本来業務と整理されています。

　本来業務に支障のない範囲であれば、附帯業務、付随業務を行うことが可能です。附帯業務とは、例えば介護サービス（一部除く）や有料老人ホーム、サービス付き高齢者向け住宅です。医療法人立の介護サービスは附帯業務の範囲内で行われています。ところで、**20**（167ページ）で解説している通り、医療法人の本来業務は保険収入を中心とする事業であるため、附帯業務の事業展開を行う場合は注意が必要です。なお、

医療法人あくまで本来業務を行うことが目的であり、附帯業務のみを行うことは認められていません。

　本来業務の一部として付随して行われるものは付随業務として運営することができます。例えば、敷地内の売店や患者向けの駐車場はこれに該当します。

(3)　法人経営に関する変更・見直しには行政手続きを要する

　病院の開設や運営は様々な制度に基づいて行う必要があります。同様に、医療法人の経営に関しても変更や見直しの際に行政のルールに沿った手続きが必要になることが往々にしてあります。

　行政手続きは届出と申請に分かれます。申請は許可・不許可という判断がなされます。もし、申請が認められない（許可が下りない）場合、当該変更や見直しは効力を有しません。例えば、医療法人の設立は申請です。許可が下りなければ設立することができません。

　一方、届出は、申請と異なり、許可や不許可という取り扱いがなされることは原則ありません。例えば、役員変更は届出事項であり、所定の手続きに基づいて変更がなされていれば、当該変更は届出が受理された時点で効力を有します。

　行政手続きはM＆Aのスキームにおいて大きな論点として検討されることがしばしばあります。申請を必要とするスキームは行政が認めない（申請を許可しない）リスクがあるためです。日常活動において行政手続きが問題となることは通常ありませんが、事業承継やM＆A等、重要な経営判断を行う際に注意すべき点として押さえるようにしましょう。

　以上、医療サービスおよびマーケットの動向について解説しました。本節は概論であり、本書で詳細に解説していますので、興味のある部分を適宜ご覧下さい。

Q 介護保険サービスの種類や提供体制の特徴について教えて下さい。

POINT 介護保険サービスは在宅生活を前提とした「居宅サービス」、入所を前提とした「施設サービス」、事業所のある市区町村の要介護認定を受けた方を対象とした「地域密着型サービス」に分類される。それぞれサービス内容や費用に占める人件費の割合は異なるが、総じて労働集約型の事業である。サービスの提供主体は民間企業・法人が中心で、一部サービスは、自治体が地域の供給量を計画、管理している。

A ••

1．介護保険サービスの概観

　介護保険サービスは要介護もしくは要支援の認定を受けた方（以下、要介護者・要支援者）に対するサービスです。「居宅サービス」、「施設サービス」、「地域密着型サービス」に大別されます（図表1）。

　居宅サービスとは、現在の住まいで生活を続けている要介護者・要支援者に対するサービスで、例えば訪問介護、訪問看護といったサービスがあります。施設サービスとは、施設に入所した要介護者・要支援者に対するサービスで、例えば介護老人保健施設（老健）や介護老人福祉施設（特養）といったサービスがあります。地域密着型サービスとは、認知症高齢者や要介護者等が住み慣れた地域で生活を続けられるようにサポートするサービスで、例えば小規模多機能型居宅介護といったサービ

スがあります。

　介護サービスはその種類の多さに加え、サービスによっては開設（経営）主体が限定されています。施設サービスに該当する特養や老健、介護療養型医療施設が代表的で、これらは株式会社での開設・運営が認められていません。

　なお、介護保険サービスではないものの、サービス付き高齢者向け住宅や（住宅型）有料老人ホーム、地域の見守り支援サービス等、介護保険に限定しなければ株式会社での開設も可能であり、「介護サービス」は裾野が広いサービスと言えます。

　本節では対象外としている、原則利用者の自己負担でサービス提供を受ける、介護保険外サービスと呼ばれるサービスもあります。例えば家事代行、配食サービス、送迎・移送・移動等生活を支援するサービスや、旅行の付き添い、訪問理美容、学習療法等、生活を豊かにするサービス等、多種多様なサービスがあります。

図表1　介護保険サービスの種類（抜粋）

1	居宅サービス	訪問介護
2		訪問入浴介護
3		訪問看護
4		訪問リハビリテーション
5		居宅療養管理指導
6		通所介護（デイサービス）
7		通所リハビリテーション
8		短期入所生活介護
9		短期入所療養介護
10		特定施設入居者生活介護
11		福祉用具貸与・特定福祉用具販売

12		住宅改修
13		居宅介護支援
14	地域密着型サービス	定期巡回・随時対応型訪問介護看護
15		夜間対応型訪問介護
16		療養通所介護
17		認知症対応型通所介護
18		認知症対応型共同生活介護（グループホーム）
19		小規模多機能型居宅介護
20		看護小規模多機能型居宅介護
21	施設サービス	介護老人福祉施設
22		介護老人保健施設
23		介護療養型医療施設
24		介護医療院

（注）：介護予防を目的としたサービス（地域密着型介護予防サービス等）
　　　は含まない

出所：厚生労働省「社保審－介護給付費分科会（第176回（R2.3.16））」のデータ
を基にYCG作成

　　介護保険サービスの開設主体として、居宅サービスや地域密着型サービスで最も多いのは株式会社であり、ニチイ学館、SOMPOホールディングス、ベネッセホールディングス等が有名です。施設系サービスであれば社会福祉法人（社福）となります（図表2）。

　　社会福祉法人とは、社会福祉事業を行うことを目的として設立された法人で、地域にある社会福祉協議会や聖隷福祉事業団等があります。社会福祉法人は、一部事業を除いて、法人税や固定資産税が優遇されるといった税制優遇を受けられる一方で、同族経営が認められない等、公共性の高い運営が求められます。

　　市場構造としては、市場規模は約10兆円であり、介護給付費総額に占める介護事業者上位5社の売上高は10％に満たず、寡占化が進んでいな

図表2　開設主体別の事業所数

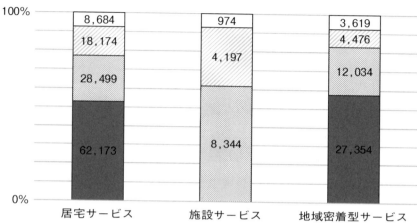

出所：厚生労働省「2018年介護サービス施設・事業所調査」のデータを基にYCG作成

い業界と言えます。

　介護サービスの商圏は半径数キロメートル圏内であることが多く、各々の地域内で比較的狭い商圏を対象に地域の中小零細事業者がサービス提供を行っています。2000年に介護保険制度が施行されて以来、全国各地で介護事業者が増え続けてきましたが、その背景には今と比べて介護報酬が手厚く、また、競争環境が緩やかであったことが考えられます。

　しかし、近年では、介護報酬の改定や人材調達コストの増加、事業者増加により競争環境が厳しくなるといった背景により、徐々にではありますが、大手事業者への集約化が進みつつあると考えられます。

2．介護保険サービスの損益構造と提供体制の特徴

　介護保険サービスの損益構造の特徴の1つ目として、収入の大部分を

介護保険に依存しているという特徴があります。家賃等の自己負担金額のウェイトが相対的に大きい特定施設（介護付き有料老人ホーム等）を除くと、売上に占める介護保険収入の割合は7割〜10割弱です（図表3）。

介護報酬は診療報酬と異なり、地域によって8級地に区分され、それぞれの級地に応じて介護報酬の点数に上乗せがされます。東京都の特別区の上乗せ率が最も高く20％となっており、上乗せの無い地区と比べると同じサービス提供を行っても1.2倍の売上を得られる計算となります。これは都市部では職員の給与単価が高くなるという影響を反映しているためです。このように地域によって介護報酬の単価が異なるものの、報酬体系は全国一律です。そのため、3年に一度の介護報酬改定によって、多くの介護事業者に影響が出ます。従って介護サービスを理解する上で、介護報酬の理解は必須です。

介護保険サービスの損益構造の2つ目の特徴として費用の大部分が人件費等の人材に係る費用であることが挙げられます。各介護保険サービスの売上に占める人材関連費用（委託費含む）は、6〜8割であり、病院の同比率が5〜6割程度であることと比べても高い割合です。介護保険サービスは、病院と比べて、より労働集約的な産業であると言えます。

また、介護保険サービスは、医療機関と同じように、サービス毎に最低限配置すべき人員数が定められており、必要数を満たさなければ大幅な減収や事故等に繋がるおそれがあります。そのため、介護人材を如何にマネジメントし、定着させられるかが介護保険サービス経営の肝となります。

次に、介護保険のサービス提供体制の特徴として、医療機関と比べて個人（医師）への依存度が低いという点があります。そのため、特定の個人の能力で集客や運営は難しく、組織として事業の運営能力を高めて

図表3　介護保険サービスの売上・費用構造

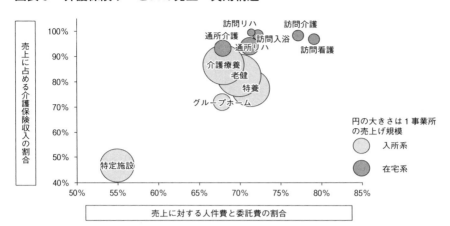

出所：2017年度介護事業経営実態調査のデータを基にYCG作成

いくことが必要です。

　医療機関の院長は医師（歯科医業にあっては歯科医師）である必要があり、医療法人の理事長も原則医師か歯科医師である必要があります。加えて、医療行為は医師の指示の下で行う必要があることもあり、病院における医師の権限は強くなりがちです。

　一方で、株式会社や社会福祉法人において、代表取締役や理事長が医師である必要はありません。施設長の資格は、認知症型グループホームや特別養護老人ホームでは実務経験や定められた研修を受講する必要があるものの、施設長の要件に資格が不要であるサービスも多くあります。医療機関と比べると、施設の管理者の交代が比較的頻繁に行われる傾向にあるようです。個人に依存したマネジメントではなく、組織的なマネジメントが介護保険サービスではより求められます。

　ただし、主に医療法人が運営している老健、介護療養型医療施設

（2017年度末で廃止され2024年度末までの移行期間あり）の管理者は医師である必要があるため、注意が必要です。

　介護保険サービスと医療機関とでは、介護報酬、診療報酬が収入の大部分を占める点や費用構成は類似していますが、個人（医師）への依存度合いが大きく異なることを見てきました。医療機関の事業性を評価する際、どのような医師（専門分野、出身医局、年齢等）が在籍しているかがポイントになりますが、介護保険サービスにおいては個人よりも組織に着目する必要があります。例えば、統一されたサービス提供体制と、それを支える業務マニュアル、教育体制、インシデント管理体制、管理職人材の育成体制等がポイントです。

　介護保険サービスは、新規参入が実質的に容易ではない点も提供体制の特徴の一つです。施設系サービス、特定施設入居者生活介護、グループホーム等は都道府県もしくは市区町村による総量規制の対象です。定められた定員数を超えて施設を開設することは原則として認められず、施設を新設（もしくは既存施設の増設）する際には公募によって事業者が選定されます。新たに施設の開設を検討しても、公募の際に事業者として選ばれなければ施設を開設することができません。事実上、新規参入は困難であり、Ｍ＆Ａでの参入検討を余儀なくされます。

　事業所数が多い通所介護、訪問介護については市町村協議制により指定拒否や条件付加される可能性があります。各市町村が３年毎に作成する介護保険事業計画に記載された見込量を超えるおそれがある場合、都道府県は市町村との協議を踏まえて、通所介護、訪問介護事業者に開設許可を与えないことができます。施設系サービスと比較して新規参入のハードルは低いものの、都道府県知事または市区町村長の許可が無ければ開設が認められない可能性がある点に注意が必要です。

　このように、介護保険サービスの多くは自治体によってサービスの供

給がコントロールされています。事業者にとっては、極端に供給過多、過当競争となることは低いかもしれません。ただし、自治体によって介護保険サービスの総量に対する考え方は異なるため、介護事業者数が増えて競争環境が厳しくなっている地域もあります。仮に参入を検討する場合は、対象とする自治体の考え方を把握することをおすすめします。

３．まとめ

　介護サービスには利用者のニーズに応じた様々なサービスの種類があります。大きくは在宅生活を前提とした「居宅サービス」、入所を前提とした「施設サービス」、事業所のある市区町村の要介護者・要支援者を対象とした「地域密着型サービス」に分類されます。その中でも施設サービスは株式会社の様な営利法人では運営できない点に注意が必要です。

　また、様々な種類のサービスがあるものの、総じて労働集約的な損益構造であり、多くは小規模な事業者が比較的狭い商圏内でサービス提供を行っています。

概要編チェックシート

☐　病院運営は様々な規制による制約があり、制度理解が必須である。また、あわせて病院の主要な経営主体である医療法人に関する制度も押さえる必要がある。

☐　介護保険サービスは在宅生活を前提とした「居宅サービス」、入所を前提とした「施設サービス」、事業所のある市町村住民を対象とした「地域密着型サービス」に分類され、それぞれサービス内容や費用に占める人件費の割合は異なるが、総じて労働集約型の事業である。

第2章

外部環境編

Q 診療報酬制度・介護報酬制度と報酬改定の仕組みについて教えて下さい。

POINT

医療・介護事業者の収入の大半は、診療報酬制度ないしは介護報酬制度において定められている点数ないしは単位（料金単価）に基づいて請求されるサービスの対価から成る。社会保険から支払われることもあり、公定されているため、価格変更の裁量余地はない。

診療報酬・介護報酬は定期的に改定され、強制的に一律適用される。診療報酬は2年に1回、介護報酬は3年に1回の頻度で改定される。保険収入の占める割合が大半である医療・介護事業者は、改定により多大な影響を受けるため、動向を把握し対応策を検討することが必須である。

A ••

1．診療報酬制度の基礎

　診療報酬制度とは、厚生労働省が医療サービスの価格を定める制度であり、その内容は病院経営における必須知識です。本節では、まず診療報酬制度の概要について解説します。なお、介護報酬制度も、骨格は診療報酬制度と同様であるため、診療報酬制度に絞って解説します。

　診療報酬は、保険診療収入を請求する医療機関であれば全国一律で同じ価格が設定されています。点数形式で表記され、「1点＝10円」というレートで換算され、保険者や患者に請求されます。医療機関を受診し

たことがある人は会計の際に渡される領収証を見てみて下さい。各診療行為が点数で記載されていることがわかります。

　点数は、診療行為ごとに設定されていて、その数は数千種類に及びます。大きく分けると、基本診療料、特掲診療料、加算の３つの項目で成り立っています（図表１）。

図表１　診療報酬点数の項目

基本診療料	特掲診療料		加算
初診料 再診料・外来診療料※ 入院基本料 入金基本料等加算 特定入院料 短期滞在手術基本料	医学管理等 在宅医療 検査 画像診断 投薬 注射 リハビリテーション	精神科専門療法 処置 手術 麻酔 放射線治療 病理診断	

※再診料・外来診療料にはオンライン診療料を含む

出所：YCG作成

① 　基本診療料

　基本診療料とは、文字通り基本的な診療行為に関する料金体系です。外来では初診時、再診時に、それぞれ初診料、再診料（または外来診療料）を算定します。入院では、入院基本料や特定入院料として、「１日当たり○円」のような、入院収入のベースとなる収入を算定します。

② 　特掲診療料

　特掲診療料とは、個々の診療行為に点数（料金単価）を設定して算定する医療サービスです。例えば「検査１回○円」や「リハビリ１回（１単位）○円」のような料金体系です。

　請求の仕方は、実施した診療行為を積み上げて請求する「出来高払い方式」と、一日当たり請求できる料金が決まっている「包括払い方式」

に大別されています。詳細は割愛しますが、従来は出来高払い方式が主流でした。しかし、この支払方式では医療サービスを抑制しようとするインセンティブが病院経営側に発生しないので、一日に請求できる料金を決める包括払い方式が導入、拡充されています。

③　加算

　加算とは、基本診療料や特掲診療料で定められている施設基準を上回る場合に算定できるオプション料金です。例えば、人員や設備をより手厚く配置・整備すること等によって、より質の高い医療サービスを提供し、高い単価の報酬を請求することができるようになります。

2．施設基準

　施設基準とは、保険診療の一部について、安全面やサービス面等を評価する医療機関の機能や設備、診療体制等の基準です。この基準は、健康保険法等の規定に基づき厚生労働大臣によって定められています。

　施設基準は、医療提供側の要件（有資格者の人数・割合、設備面の整備、組織体制の構築等）と需要側の要件（患者の疾患や状態、処置の状況等）、実績要件などで構成されています。

　具体的に見ていきましょう。基本診療料である入院基本料の施設基準の主要箇所について、図表2に記載しました。一般病棟入院基本料をみると、人員を手厚く配置する（患者当たりの看護職員を多く配置する）とより高い料金単価を算定できるようになっています。●対1とは、入院患者数に応じた看護職員配置を表しています。例えば7対1であれば入院患者7人に対して看護職員を1人配置する必要があります。10対1であれば10人に対して1人、といった具合です。7対1の方が手厚い配置であるため、要する人件費負担も大きくなることから高い点数（料金）が設定されています。

図表2　急性期一般入院基本料の診療報酬点数・主な施設基準

		急性期一般入院基本料						
		入院料7	入院料6	入院料5	入院料4	入院料3	入院料2	入院料1
資源投下の評価	点数（一日）	1,382点	1,408点	1,429点	1,440点	1,545点	1,619点	1,650点
	看護職員	10対1以上（7割以上が看護師）						7体1以上（7割以上が看護師）
医療ニーズの応需の評価	患者割合 重症度、医療・看護必要度I	測定していること	18%以上	20%以上	22%以上〔20%以上〕	25%以上〔23%以上〕	28%以上〔26%以上〕	31%以上
	患者割合 重症度、医療・看護必要度II	測定していること	15%以上	18%以上	20%以上〔18%以上〕	23%以上〔21%以上〕	26%以上〔24%以上〕	29%以上
診療の効率性の評価	平均在院日数	21日以上						18日以内
	在宅復帰・病床機能連携加算	—						8割以上

右に行くほど基準が厳しくなる（＝点数が高い）

出所：診療報酬点数表を基にYCG作成

　入院基本料や特定入院料は入院収入の基本部分であり、医業収益の一定割合を占めます。そして、5（40ページ）で解説する通り、基本収入部分である入院基本料に関する施設基準が近年見直されています。入院基本料の変更は経営に与えるインパクトが大きいため、入院基本料や特定入院料の動向を押さえることがまずは重要です。

3．診療報酬改定とは

　診療報酬制度は、原則2年に1回改定されています。介護報酬改定は3年に1回です。直近では2020年4月に改定されました（**参考**（51ページ））。

　改定作業の進め方は、診療報酬全体の改定率を設定した後、診療報酬点数を個々に見直しがなされ、または、請求に関するルールの変更がなされます。そして社会保障費の伸びを全体改定率の範囲内に収まるように調整しています。過去の改定率の推移は図表3の通りです。

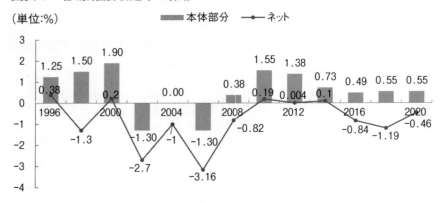

図表3　診療報酬改定率の推移

（単位:%）　　　　　■■■ 本体部分　——●—— ネット

出所：厚生労働省の通知を基にYCG作成

　改定の内容は、大きく2つあります。既存の診療報酬点数を増減また
は廃止させる、新しい診療報酬点数を創設するといった、点数自体の改
定です。2つ目は、診療報酬点数を請求するための施設基準に関する改
定です。近年の改定では、施設基準の内容を改定前と比べて厳しくする、
つまり、点数を算定しづらくするといった傾向が見られます。なぜこの
ような見直しがなされるのかについては5（40ページ）で解説します。
　診療報酬改定は病院経営に大きな影響を与えます。その理由は、第一
に、一般的に、保険診療収益（診療報酬制度で定められている医療サー
ビスによる収益）の収益全体に占める割合が9割以上と極めて大きいた
めです。診療報酬改定は保険診療に関する見直しであり、影響の程度は
病院に応じて異なりますが、ほぼ確実に、何かしらのインパクトを病院
経営に与えます。
　第二に、診療報酬改定は、当該医療サービスの提供に必要となる原価
構成に関係なく強制的に行われます。つまり、改定の増減はそのまま利
益の増減に直結する、ということです。従って、自院の医療サービスが

マイナス改定になった場合は、コスト削減や更なる増収機会を見つけなければ、「収入低下イコール利益低下」となります。

　反面、プラス改定の場合は利益率の改善に繋がります。図表3に戻ると、2010年前後におけるプラス改定では、医療法人経営は概ね良好であり、事業拡大に向けた新規投資が積極的に行われたようです。古くなった病院の建替えを行う等も多く見られました。筆者への経営相談の内容もやはり当時は現在と異なり前向きなテーマが多かったように実感しています。

　なお、近年においても僅かにプラス改定が続いています。しかし、診療報酬点数の全てがプラスとなるわけではありません。先ほど触れた通り、全体の改定率を決めたのち、個別の点数見直し作業が行われます。プラス改定がなされた診療点数の原資を確保するために他の診療行為をマイナスにすることが必要です。従って、プラス改定であったとしてもその恩恵を受けることができないケースが生じるので注意が必要です。

4．診療報酬改定の意義

　診療報酬改定は、政策目的を達成するための制度的ツールとして用いられていると見られます。診療報酬点数を変更することは病院経営に経済的なプラス（またはマイナス）のインセンティブを付与することになるためです。結果として、サービス供給の調整弁としての役割を果たしています。

　仮に、厚労行政として普及させたい医療サービスがある場合、当該医療サービスに新しく点数を設ける、または点数を上げるといった評価がなされます。病院としては、評価された医療サービスを提供することで、新たな収益機会や増収が期待できるため、病院経営者としては、当該サービスを、新規にあるいは増強して提供しようとします。すると、結果

として当該医療サービスの供給量が増え普及が進む、という具合です。

　一方、医療供給が充足している、あるいは既に過剰と判断されたサービスに対しては診療報酬の点数を引き下げる、あるいは従来に比べて施設基準を厳しくすることで算定しづらくさせるといった見直しが行われます。先ほど触れた通り、点数の改定は原価構成に影響なく強制的に全ての医療機関に適用されるため、マイナス改定の場合、同様の診療行為を継続すると採算が悪化します。病院経営者としては、減収が懸念される医療サービスの提供を継続するか、もしくは、サービス提供の内容を変更するかといった判断を迫られます。結果として、マイナスの改定はサービス供給の縮小を促す可能性があるわけです。

５．診療報酬改定の方向性

　厚労行政としては、プラスとマイナスの改定を組み合わせることで社会保障費の増加幅を適正な範囲に抑えつつ、人口構造の変化に伴う医療需要に合わせて医療提供体制の内容見直しを実現しようとしています。

　詳細は次節で触れている通り、日本においては、人口構造の変化および人口減少による医療提供体制の改革の必要性が指摘されています。いわゆる「2025年問題」です。団塊の世代の人々が2025年に、75歳以上に到達することによって医療需要が大幅に増加するため、増大する医療ニーズへ対応できる医療提供体制への変革が求められています。他方で、生産年齢人口が減少することにより供給調整が求められるサービス体制の見直しも並行して必要です。総じて、人口構造の変化による医療需要の質・量の変化に応じた医療提供体制（地域医療構想と言われる）へ再構築するための調整弁として診療報酬改定が行われている側面があります。

　診療報酬改定に合わせること自体が病院経営の目的ではありません。

しかし、診療報酬改定の動向をいち早く察知するとともに、改定の目的とその背景も含めて正確に押さえる必要があります。そして、診療報酬改定を取り巻く環境変化を見極め、いかなる方向へ経営をかじ取りしていくかが重要です。

Q 病院のマーケット環境を理解するための医療政策について教えて下さい。

POINT 病院経営を取り巻く制度環境は近年目まぐるしく変わっている。人口構造の変化を起因として発生する諸問題へ対応するためである。医療業界においては「2025年問題」、「2040年問題」が取り沙汰されることが多い。いずれにおいても、医療提供体制に対して変革が求められる。

　人口構造の変化は全国一律ではない。問題が既に顕在化している地域において変化への対応は喫緊の課題である。競合のみならず連携、関連施設も含めた地域の医療・介護の提供体制を面的に捉え、自らのポジショニングをどう定めるか、という経営判断が必須である。

A

1．人口の構造変化に関する2つの分水嶺

　医療政策背景には人口構造の変化における2つのポイントがあります。いわゆる「2025年問題」と「2040年問題」です。本節では医療政策の大まかな流れについて解説しますが、まずもって、人口構造の変化によって発生し得る諸問題を押さえる必要があります。そして、そのターニングポイントが2025年、2040年です。1つずつ見ていきましょう。

２．人口構造の変化による「2025年問題」と医療政策

　超高齢社会へ突入したとされる2007年以降においても社会の高齢化は一段と進み、2025年においては高齢化率が30％に到達すると試算されています。

　2025年は、団塊の世代とされる人々が全て75歳以上に到達する年です（正確には2024年で75歳以上となります）。すなわち、この年に75歳以上人口がピークを迎えます。人口の推移を示した図表１を見て下さい。2025年付近で多くなることが見て取れます。

図表１　75歳以上人口の推移

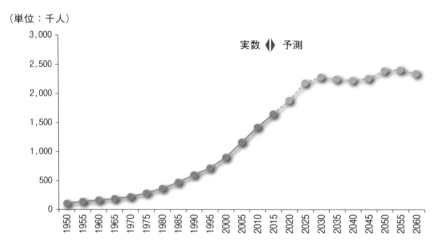

（注）：2005年まで国勢調査、2015年以降は国立社会保障・人口問題研究所のデータ。推計値は出生中位（死亡中位）推計

出所：国立社会保障・人口問題研究所、総務省

　75歳以上になるというのはどういうことを意味するでしょうか。一般的に、年齢を重ねるにつれて病気に罹りやすくなると言われています。

統計データに基づくと、75歳以上と全体平均の患者一人当たり医療費は約3倍の差があるとされています。65歳以下人口で比較すると5倍程度です（図表2）。つまり、2025年前後において、75歳以上人口がピークを迎えるため医療需要が大きく増加するということです。

図表2　年齢区分別の1人当たり国民医療費

（単位：万円）

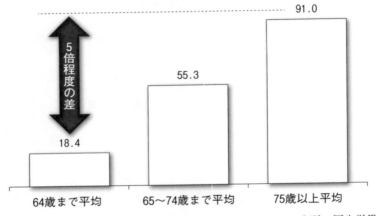

出所：厚生労働省

　言い換えると、社会保障費がますます増大することを意味し、財政負担が更に重くなることが懸念されています。従って、医療提供体制を効率化するための施策や、健康意識を高め予防を推進する啓蒙活動、自己負担を見直す議論等がなされています。

　2025年に向けた対策に関する議論は既に終わり、現在、各種政策は運用過程にあります。その一つに地域医療構想があります。地域医療構想とは、75歳以上人口がピークを迎える2025年に向けて必要な医療需要を地域（構想区域と呼ばれています）ごとに推計し、医療機能ごとに必要

となる病床数を定め、既存の医療提供体制をあるべき姿（地域医療ビジョン）に調整していくための取り組みを指します。実施主体は都道府県ですが、需給バランスの調整に向けた推進方法は、各地域の関係者で構成される地域医療構想調整会議における協議が想定されています。地域医療構想調整会議の参加者は各医療機関からなり、当事者の話し合いによって医療提供体制の見直しが達成されることを期待しているようです。

　地域医療構想の実現に向けた各種取り組みや調整会議の運用状況は都道府県によって温度差があります。筆者の経験では、大都市部は調整会議の参加者も多く、また、往々にして各参加者の問題意識が薄いため、議論は停滞しているように見受けられます。

　反面、人口減少が進んでいる地域では、2025年を待たずして、後述する2040年において想定される課題も含め、既に顕在化しつつあるため、当事者は高い問題意識を持っています。しかし、調整会議では、参加者も限られ、かつ、お互い見知った関係でもあるため、なかなか本音で議論がしづらいようです。総じて、調整会議を通じた需給バランスの調整は、公的病院等へ強制的に行われるケースを除いてあまり進んでいないのが実情と考えられます。一部の地域では高い問題意識を持つ当事者のリーダーシップによりバランス調整が進む事例もあるようですが、多くの地域では、依然として、協議による調整以外の手法に頼らざるを得ない状況です。

　ただし、地域医療構想および調整会議を通じた議論は病院経営に対して一定の強制力を発揮しています。この点については6（57ページ）にて解説します。いずれにせよ、2025年に向けた取り組みとして地域医療構想および調整会議が政策手段であることを押さえましょう。

　ところで、2025年は75歳以上人口が急増すると述べましたが、もう一つ指摘できる事項があります。図表1に戻ると、2025年付近まで75歳以

上人口は急速に増加しています。そして、2025年付近を転換点としてそれ以降は横ばいで推移するようです。つまり、75歳以上人口は、2025年以降は増えないということです。長らく高齢（化）社会と言われ、感覚的に、高齢者人口は今後も増加すると捉えられることがあるかもしれません。しかし、実際は異なります。端的に述べると、人口の構造変化に基づく医療需要の増加は今後見込めなくなる、ということを示しています。

3．人口構造の変化による「2040年問題」と医療政策

　2025年を見据えた政策課題と政策手段の一つである地域医療構想について解説してきました。平行して、2040年を見据えた各種対応も議論され取り組みが進んでいます。団塊ジュニア世代が高齢者となるため、働き手の世代が急激に減少することから、医療・介護の提供体制をいかに維持していくか、という問題意識のもと、大枠としては労働力人口の維持・増加を図るとともに、生産性を上げていくことを狙った施策が打ち立てられています。

　高齢者像も近年変わりつつある現況を踏まえ、多様な就労参加を促す議論もされているところですが、本節では、2040年を見据えた政策論議のうち、医療提供体制の見直しに関する議論に関してみていきます。

　まずは、2040年を展望した社会保障・働き方改革本部において取りまとめられた施策を見ていきましょう。図表3をご覧下さい。

　労働力人口の減少という課題に対する取り組みは大きく3つです。「多様な就労・社会参加」、「健康寿命の延伸」、「医療・福祉サービス改革」です。医療提供体制の見直しに関する取り組みは医療・福祉サービス改革において掲げられ、4つのアプローチにより推進を図っていくようです（図表4）。

図表 3　全世代型社会保障構築に向けた取り組み

多様な就労・社会参加	健康寿命の延伸	医療・福祉サービス改革

【雇用・年金制度改革等】	【健康寿命延伸プラン】	【医療・福祉サービス改革プラン】
● 更なる高齢者雇用機会の拡大に向けた環境整備 ● 就職氷河期世代の就職支援・職業的立促進の強化 ● 中途採用の拡大 ● 年金受給開始年齢の柔軟化、被用者保険の適用拡大、私的年金（iDeCo（イデコ）等）の拡充 ● 地域共生・地域の支え合い	● 2040年の健康寿命延伸に向けた目標と2025年までの工程表 ①健康無関心層へのアプローチの強化、 ②地域・保険者間の格差の解消により、 ● 以下の3分野を中心に、取組を推進 ・次世代を含めたすべての人の健やかな生活習慣形成等 ・疾病予防・重症化予防 ・介護予防・フレイル対策、認知症予防	● 2040年の生産性向上に向けた目標と2025年までの工程表 ● 以下の4つのアプローチにより、取組を推進 ・ロボット・AI・ICT等の実用化推進、データヘルス改革 ・タスクシフティングを担う人材の育成、シニア人材の活用推進 ・組織マネジメント改革 ・経営の大規模化・協働化

健康寿命を男女ともに 3年以上延伸し、75歳以上に	医療分野で5％以上（医師は7％以上）の業務効率化を目指す

出所：厚生労働省のデータを基にYCG作成

　「経営の大規模化・協働化」に絞って更に見ていきます。医療法人と社会福祉法人各々の統合を促すための施策が想定されています。医療法人の組織再編手法としては合併（および分割）が規定され、近年においては合併に関する規制緩和措置を講じる等していることもあり、一定程度進んでいる模様です。経営の大規模化を進めるため合併を推進しようとする政策側の意図が見られます。

　経営の大規模化または協働化を推進する理由は、行政資料によると、「経営の安定化に向けて」とあります。問題意識としては、医療法人や社会福祉法人は法人規模が小さく、その非効率性について長らく指摘されてきました。特に社会福祉法人は規模の小さい法人が多くを占めています。安定的な経営体制を目指すにあたって、まずもって規模の拡大が必要である、という見解です。

図表 4　医療・福祉サービス改革プランの概要

ロボット、AI、ICT等の実用化推進、データヘルス改革

- 2040年に向けたロボット・AI等の実用化構想の検討
- データヘルス改革に関し、2020年度までの事業の着実な実施とそれ以降の絵姿（医療情報の標準化、全国的な保健医療情報ネットワーク等）・工程表の策定
- 介護施設における業務フローの分析・仕分けを基に、
  ①介護助手
  ②介護ロボット（センサーを含む）
  ③ICTの活用等を組み合わせた業務効率化のモデル事業を今年度中に開始。効果を検証の上、全国に普及
- オンラインでの服薬指導を含めた医療の充実　等

タスクシフティングを担う人材の育成、シニア人材の活用推進

- 業務分担の見直し等による、①効率的・機能的なチーム医療を促進するための人材育成、②介護施設における専門職と介護助手等の業務分担の推進
- 介護・看護・保育等の分野において、介護助手等としてシニア層を活かす方策、医療分野における専門職を支える人材育成等の在り方の検討　等

組織マネジメント改革

- 医療機関の経営管理や労務管理を担う人材の育成
- 福祉分野における、業務フローの分析を踏まえた、業務の負担軽減と効率化に向けたガイドライン（生産性向上ガイドライン）の作成・普及・改善
- 現場の効率化に向けた工夫を促す報酬制度への見直し（実績評価の導入など）
- 文書量削減に向けた取組、事業者の報酬改定対応コストの削減の検討　等

経営の大規模化・協働化

- 医療法人、社会福祉法人それぞれの経営統合、運営共同化、多角化方策の検討
- 医療法人と社会福祉法人の連携方策の検討　等

医療法人・社会福祉法人それぞれの合併等の好事例の普及
医療法人の経営統合等に向けたインセンティブの付与
社会福祉法人の事業の協働化等の促進方策の検討会設置

出所：厚生労働省のデータを基にYCG作成

　加えて、複数の法人で連携を取ることによって経営効率を高める議論もされています。21（172ページ）で解説する地域医療連携推進法人も同じ文脈で議論されてきました。いずれにしても、大規模化または協働化という手法を用いて経営の安定化を実現しようという狙いです。

　ところで、規模が大きくなれば、あるいは連携が促進されれば経営は安定化に向かうのでしょうか。中央省庁の狙いとしては大規模化・協働化によって地域の医療および介護需要に即した提供体制の見直しが図られることを期待していると見られます。需給バランスが均衡するように過剰な医療機能を縮小し、不足している医療機能へ転換されることで効

率的な医療（および介護）提供体制を実現するという考えです。

　例えば、理論上、複数の病院に重複し分散している医療資源を 1 施設に集中させることで質の向上を実現しつつ、待遇の改善を図ることは考えられます。また、多様なサービスがシームレスに用意できれば、患者や介護サービスの利用者に対して適切なサービスを提供することが可能となり、患者・利用者側のみならず職員側にとっても過度な業務負荷を回避することができるため、職員満足度の向上に寄与する可能性が考えられます。多様な働き方が可能となれば職員の雇用定着・維持にも貢献するでしょう。

　上記はいずれも想定であり、実際に機能するかどうかは今後評価されることになるでしょう。ともあれ、中長期を見据えた医療業界における見通しは、全ての病院関係者において極めて大きな影響を及ぼします。地域における医療・介護の需給状況と今後の趨勢を見極め、自院をどう地域に位置付け（ポジショニングする）か、改めて検討することが必要です。

Q 診療報酬改定における近年の動向について教えて下さい。

POINT　近年、入院医療における診療報酬改定は、入院基本料や特定入院料の施設基準おいて行われている。基準見直し（厳格化）により、従来に比べて、基準に合致する患者割合を一定程度に維持することが難しくなり、オペレーションの見直しに追われている病院が多い印象がある。

　施設基準を下位区分に変更せざるを得ない病院は大幅な減収が懸念される。必要に応じて、地域の需給状況を勘案しつつ、病床機能の見直しを検討すべきであると見られる。

A

1. 入院医療における診療報酬改定の近年の傾向

　本節は、診療報酬改定の動向について、入院医療に絞って解説します。なお、診療報酬制度については3（24ページ）をご覧下さい。

　図表1（27ページ図表2再掲）は急性期一般入院基本料の主な施設基準です。

　入院基本料における診療報酬改定は近年、点数自体の見直しではなく、施設基準の内容の変更に重点が置かれています。特に、「重症度、医療・看護必要度」（以下、看護必要度）について、多くの時間を費やして議論がなされ、見直しが進んでいます。

　看護必要度は、患者に対して、どの程度看護が必要であるか、その重症度や必要度を測定する指標です。大きく3つの項目から構成され、所

図表1　急性期一般入院基本料の診療報酬点数・主な施設基準

			急性期一般入院基本料					
			入院料7	入院料6	入院料5	入院料4	入院料3	入院料2	入院料1

			入院料7	入院料6	入院料5	入院料4	入院料3	入院料2	入院料1
資源投下の評価	点数(一日)		1,382点	1,408点	1,429点	1,440点	1,545点	1,619点	1,650点
	看護職員		10対1以上 (7割以上が看護師)						7体1以上 (7割以上が看護師)
医療ニーズの応需の評価	患者割合	重症度、医療・看護必要度Ⅰ	測定していること	18%以上	20%以上	22%以上〔20%以上〕	25%以上〔23%以上〕	28%以上〔26%以上〕	31%以上
		重症度、医療・看護必要度Ⅱ	測定していること	15%以上	18%以上	20%以上〔18%以上〕	23%以上〔21%以上〕	26%以上〔24%以上〕	29%以上
診療の効率性の評価	平均在院日数		21日以上						18日以内
	在宅復帰・病床機能連携加算		—						8割以上

右に行くほど基準が厳しくなる(=点数が高い)

出所：診療報酬点数表を基にYCG作成

定の処置や手術等の実施状況、患者の状況によって評価されます。誤解を恐れずに言うと、医療、看護サービスの提供を必要とする重症な患者であるかどうかを判断する基準です。そして、入院患者に占める重症患者の割合（本節では重症患者割合と言います）に応じて入院基本料の区分が定められています。つまり、重症である患者を多く受け入れている病院であれば急性期病院として相応である、という評価です。言い換えると、急性期としての病院のパフォーマンスを測る指標として用いられています。

　図表2に評価表を記載しました。3つの基準によってA、B、C項目を患者ごとに算定します。基準に該当すれば、当該患者は看護必要度の評価において重症患者としてカウントされます。例えば、開胸手術を実施した患者は、術後12日間はC項目で1点に該当するので看護必要度の対象患者に算定される、といった具合です。

図表2 重症度、医療・看護必要度の評価票

A	モニタリング及び処置等	0点	1点	2点
1	創傷措置 （①創傷の処置（褥瘡の処置を除く）、②褥瘡の処置）	なし	あり	—
2	呼吸ケア（喀痰吸引のみの場合を除く）	なし	あり	—
3	点滴ライン同時3本以上の管理	なし	あり	—
4	心電図モニターの管理	なし	あり	—
5	シリンジポンプの管理	なし	あり	—
6	輸血や血液製剤の管理	なし	あり	—
7	専門的な治療・処置 （① 抗悪性腫瘍剤の使用（注射剤のみ）、 ② 抗悪性腫瘍剤の内服の管理、 ③ 麻薬の使用（注射剤のみ）、 ④ 麻薬の内服、貼付、坐剤の管理、 ⑤ 放射線治療、⑥ 免疫抑制剤の管理（注射剤のみ）、 ⑦ 昇圧剤の使用（注射剤のみ）、 ⑧ 抗不整脈剤の使用（注射剤のみ）、 ⑨ 抗血栓塞栓薬の持続点滴の使用、 ⑩ ドレナージの管理、⑪ 無菌治療室での治療）	なし	—	あり
8	必要度Ⅰ：救急搬送後の入院（5日間） 必要度Ⅱ：緊急に入院を必要とする状態（5日間） （入院日に救急医療管理加算又は夜間休日救急搬送医学管理料を算定した患者）	なし	—	あり

A得点　　　点

B	患者の状態等	患者の状態			介助の実施			評価
		0点	1点	2点	0	1		
9	寝返り	できる	何かにつかまればできる	できない				点
10	移乗	自立	一部介助	全介助	実施なし	実施あり	×	点
11	口腔清潔	自立	要介助		実施なし	実施あり		点
12	食事摂取	自立	一部介助	全介助	実施なし	実施あり		点
13	衣服の着脱	自立	一部介助	全介助	実施なし	実施あり		点
14	診療・療養上の指示が通じる	はい	いいえ					点
15	危険行動	はい		ある				点

（移乗・食事摂取・衣服の着脱の行は「患者の状態」× 「介助の実施」で評価）

B得点　　　点

該当患者の基準（以下のいずれかを満たす）
1) A得点2点以上かつB得点3点以上
2) A得点3点以上
3) C得点1点以上

C	手術等の医学的状況	1点
16	開頭手術（13日間）	
17	開胸手術（12日間）	

42

18	開腹手術（7日間）	
19	骨の手術（11日間）	
20	胸腔鏡・腹腔鏡手術（5日間）	
21	全身麻酔・脊椎麻酔の手術（5日間）	
22	救命等に係る内科的治療（5日間）	
23	別に定める検査（2日間）	
24	別に定める手術（6日間）	
		C得点　　　　点

	対象となる検査・手術（例）
別に定める検査	経皮的針生検法、EUS－FNA、縦隔鏡、腹腔鏡、胸腔鏡、関節鏡、心カテ（右心・左心）
別に定める手術	眼窩内異物除去術、鼓室形成術、上・下顎骨形成術、甲状腺悪性腫瘍手術、乳腺悪性腫瘍手術、観血的関節固定術　等

出所：厚生労働省

　急性期一般入院料を算定する病院において、一番基準の高い入院料1の重症患者割合は31％です（Ⅰの場合）。一方、入院料7は測定していることが施設基準であり、割合自体は要件にはなっていません。

　看護必要度という指標が入院基本料の施設基準に導入されたのは、2008年（平成20年）からです。それまでは処置や手術の内容や患者の状況に関する施設基準はなく、唯一、平均在院日数が病院のパフォーマンスを示す指標としてあったくらいです。

　ややもすると、急性期病院として一番高い入院基本料を算定するためになによりも必要であることは、看護師をいかに多く雇用するかということでした。かつて、看護師の獲得競争が激化したのはこのためです。どのような患者を受け入れるか、どのような医療提供を行うかではなく、いかに体制を整えるかという観点で点数設定がなされていたのです。

　病院の実績（パフォーマンス）を測るべく導入されたのが看護必要度です。実績に関する指標が導入されたことにより、いかに看護師を多く雇用していたとしても、急性期病院として、施設基準が求める実績を上

げることができなければ、高い入院区分で基本料収入を算定することができなくなりました。

　そして、近年の改定において、看護必要度に関する基準見直し（厳格化）が都度行われています。2020年度の診療報酬改定においても看護必要度の重症患者割合が30％から31％に引き上げられました（**参考**（51ページ））。平たく言うと、より高いパフォーマンスを維持できなければ、高いランクの基本料が算定しづらくなるような見直しがなされています。

　重症患者割合を維持することが難しくなると、従来と比べて下位区分で算定せざるを得なくなります。入院料の点数が低くなるので、入院収益が減少します。つまりいかなる入院基本料を算定するかは、経営的には極めて大きなインパクトがあるということです。

　重症度割合の要件を満たすことが難しい場合、少なくとも入院基本料区分を維持するためにはどのような対応が考えられるでしょうか。

2．入院医療における改定が経営に与える影響見込み

　図表3は看護必要度の該当患者割合を算出するための計算式です。

図表3　看護必要度の基準を満たす患者割合（重症患者割合）の計算式とポイント

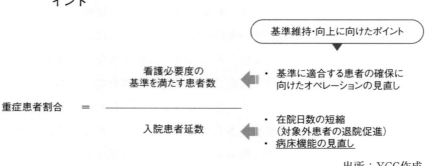

出所：YCG作成

　施設基準を維持するためには、当然ですが、施設基準に適合する患者をいかに集めるかが重要です。そのために、例えば、これまで症状や状態の患者によっては受け入れを断っていた場合、多く受け入れるためにオペレーションを見直すといった対応が求められています。

　反面、判定基準では該当者とはならない患者を、患者が不利益を被らない範囲で退院を促す動きも見られます。図表3で言うと、分母の数を調整することで重症度割合を上げる効果が期待できます。現状の入院基本料または特定入院料を維持するために、基準に該当しない患者の退院を促す動きもあります。

　入院基本料は毎日算定する料金であり、文字通り基本的な収入です。従って、もしランクダウンすると大幅に減収します。加えて、入院基本料を高いランクで維持することはステータスであり、入院基本料の区分変更は職員採用にも影響が波及することがあります。

　例えば、看護師採用においてです。急性期の入院医療を提供する病院において、急性期一般入院料1（旧7対1入院基本料。いわゆる7対1病院）を掲げていることは、急性期医療としてしかるべきサービス提供を行っている病院として見られます。

　反面、入院基本料区分が下位ランクである場合、急性期医療の経験を積みたいと思っている職員（特に経験の浅い職員）から見ると見劣りすることがあるようです。急性期医療を実際に提供しているかどうかは、実際に従事しないと判断できないことであるので、外部から得られる情報として施設基準は重要な判断材料となり得ます。

　なお、入院基本料の上位区分は人員配置基準が手厚いため、看護師の離職率を抑えられるという調査結果があります。組織体制の維持に寄与している側面もあるようです。いかなる入院基本料を算定し、維持できるかは、病院経営および運営の両面に多大な影響を与えることがわかり

ます。

　施設基準を維持しようとする場合、必要な患者割合の要件を守るために、基準に該当しない患者数を減らす必要があります。仮に新規入院患者数が一定ならば、退院を促した分だけ入院患者数が減少（病床稼働率が低下）します。つまり減収するということです。

　先ほどは、区分変更により、入院基本料の「単価」が低下するためにベースとなる収入が減少するメカニズムについて解説しました。一方、入院基本料を維持する場合においても、施設基準の維持が診療報酬改定により厳しくなることによって、入院患者「数」の減少を引き起こし結果として減収という経営的なマイナスのインパクトをもたらします。

　急性期を志向する病院は、病床稼働を維持しつつ、いかに看護必要度の対象患者を確保するか、経営と運営を両立させるために、量と質双方の追求が求められています。

　3（24ページ）で、近年における改定の傾向として、診療報酬点数を見直すだけでなく、診療報酬点数を算定する施設基準が変更されることを見てきました。本節で解説した入院基本料や特定入院料における見直しはまさにこのケースに該当します。繰り返しになりますが、入院基本料収入は入院収入の基本部分を構成しているので、区分変更により大きく収益が変動します（プラスになることももちろんあります）。更に、職員採用や部門の体制維持にも影響を与えることも含めて経営に多大なインパクトを与えます。いかなる入院基本料区分で病院を運営するかは極めて重要な経営判断であると言えます。

　なお、療養病棟入院基本料において医療区分という指標があります。患者の疾患や状態、医療処置の状況によって医療の必要度を3つに分類しています。医療区分3が最も必要度が高く、医療区分1が低くなります。図表4は療養病棟入院料の施設基準の概要と医療区分一覧です。医

療区分2・3割合という指標で入院基本料が区分されています。つまり、医療の必要度が高い（重症である）患者割合を8割維持することが上位区分算定の条件として求められています。急性期と同様に、慢性期医療においても重症患者割合というパフォーマンスを測定する指標が用いられています。

図表4　療養病棟入院基本料の施設基準概要と医療区分一覧

	療養病棟入院基本料		
	経過措置	療養病棟入院料2	療養病棟入院料1
看護職員・看護補助者配置	20対1を満たさないかつ、25対1以上	20対1以上（医療法上の4：1）	
医療区分2・3該当患者割合	5割未満（満たさない）	5割以上	8割以上
平均在院日数	—		
在宅復帰・病床機能連携加算	—		
データ提出加算	必須※療養病床のみで200床未満の病院には経過措置あり		

医療区分	
医療区分3	【疾患・状態】 ・スモン ・医師及び看護師により、常時監視・管理を実施している状態 【医療処置】 ・24時間持続点滴・中心静脈栄養・ドレーン法・胸腹腔洗浄 ・発熱を伴う場合の気管切開、気管内挿管・感染隔離室における管理 ・酸素療法（酸素を必要とする状態かを毎月確認）
医療区分2	【疾患・状態】 ・筋ジストロフィー・多発性硬化症・筋萎縮性側索硬化症 ・パーキンソン病関連疾患・その他の難病（スモンを除く） ・脊髄損傷（頸髄損傷）・慢性閉塞性肺疾（COPD） ・疼痛コントロールが必要な悪性腫瘍・肺炎・尿路感染症 ・リハビリテーションが必要な疾患が発症してから30日以内 ・脱水かつ発熱を伴う状態・体内出血

・頻回の嘔吐かつ発熱を伴う状態・褥瘡 ・末梢循環障害による下肢末端開放創・せん妄・うつ状態 ・暴行が毎日みられる状態（原因・治療方針を医師を含め検討） 【医療処置】 ・透析・発熱又は嘔吐を伴う場合の経腸栄養 ・喀痰吸引（１日８回以上）・気管切開・気管内挿管のケア ・頻回の血糖検査・創傷（皮膚潰瘍・手術創・創傷処置）	
医療区分１	医療区分２・３に該当しない者

出所：厚生労働省

　本節では詳細は割愛しますが、回復期リハビリテーション病棟や地域包括ケア病棟といった回復期医療に該当する特定入院料においても、やはり病院のパフォーマンスを評価する指標が施設基準の要件に組み入れられています。そして、これらのパフォーマンスを測る指標の算定条件が見直される度、従来のオペレーションを維持したままでは算定が厳しくなっているようです。病床の種類ごとに配置すべき職種および人員数は異なり、投下した医療資源に適した患者を受け入れているかどうか、加えて、成果（アウトカム）はきちんと得られているか、実績に基づく点数配分がなされるようになっています。

３．病床機能（ビジネスモデル）見直しに向けた検討の必要性

　診療報酬改定に合わせる形で病院の機能を見直すことは、手段であり目的ではありません。あくまで、病院が立地する地域の住民に対して求められる医療提供を行い、病院を維持存続させることが目的であるはずです。

　しかし、診療報酬改定は時に病院経営を脅かす外部要因にもなり得ます。誤解を恐れずに言うと、日本は他の先進諸国に比べて病床が過剰であるため、病院（病床）の総数自体を供給調整しているかもしれません。

病院（病床）が多少減っても医療提供体制の維持に影響がないのであれ
ば、医療提供体制の適正化を強力に促すために、病院経営の脅威となる
水準まで報酬を下げる改定が行われることはあり得るかもしれません。

　8（76ページ）で触れた通り、各地域において地域医療構想が立案さ
れ、医療機能ごとの現在の病床数と必要病床数のギャップの解消に向け
た取り組みが進んでいます。多くの地域では急性期機能の病床が過剰で
あると見なされているため、地域の医療提供体制の最適化に向けた病床
機能の見直しが各病院において求められています。その取り組みを後押
しするように、診療報酬改定において施設基準の見直しが進んでいます。
病床機能を誘導するかのように、経営的な（ディス）インセンティブが
設けられています。

　現行の医療機能や施設基準を維持した病院運営では存続が難しい場合、
どうすればいいでしょうか。先に触れた通り、地域の需給状況を鑑みつ
つ、まずは、医療機能を維持もしくは強化するために診療体制や看護体
制を充実させることが考えられます。

　しかし、それが難しいならば、医療機能を部分的もしくは抜本的に見
直すことも検討してもいいかもしれません。即ち、病床機能の見直しで
す。地域に必要とされる医療機能を見極め、該当する施設基準に適合す
るように病床機能を見直すことで、引き続き地域に求められる医療サー
ビスを提供し、病院経営の健全化とその維持を実現することは可能です。
18（153ページ）でビジネスモデルの見直しについて解説していますの
で詳細は割愛しますが、病床機能の見直しは病院経営の方向性検討の一
つの選択肢となりつつあります。

　急性期を志向する病院において、病床機能の見直しは経営者および職
員にとって極めて重要な意思決定であり、慎重な検討が必要であること
は言うまでもありません。

しかし、地域に必要な病院として存続させ続けることを考えた場合は、聖域を設けずに検討、判断が求められると言えるでしょう。

参考　2020年度診療報酬改定について

1．2020年度診療報酬改定の基本方針・重点課題

　24ページ（医療・介護の報酬制度と報酬改定の仕組み）で解説した通り、診療報酬制度および診療報酬改定は病院経営に多大な影響を与えます。

　2020年度の診療報酬改定は、診療報酬本体で0.55％（うち、消費税財源を活用した救急病院における勤務医の働き方改革への特例的な対応分0.08％を含む）のプラス改定となりました。今回の改定は、近年の診療報酬改定での重点課題であった「地域包括ケアシステム」から、「医師等の働き方改革」が重点課題の最初に掲げられたことが大きな特徴です。労働環境の改善に対する厚生行政の強い意向が見られます。

　本節では、2020年度診療報酬改定の内容のうち、医師等の働き方改革の推進と医療機能の分化・強化に係る入院医療の改定の概要について触れています。なお、2020年2月以降随時発信されているコロナウイルス感染症に係る診療報酬上の臨時的な取り扱いは本節では対象としておりません。

2．医師等の働き方改革の推進

　今回の診療報酬改定で重点課題とされている医師の働き方改革の推進は、2024年4月に適用が開始される医師の時間外労働の上限規制を見据えたものです。現場の勤務環境改善を、どのように、診療報酬によって適切に評価するかが論点となりました。

　日本の医療提供は医師等の自己犠牲的な長時間労働により支えられており、改善が急務とされています（図表1）。今回の改定におけるポイントは以下の通りです。

図表1　病院勤務医の週勤務時間の区分割合

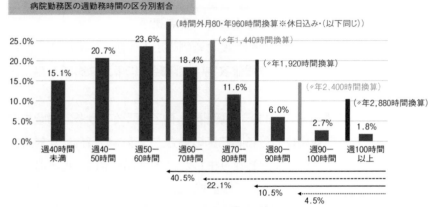

※　「医師の勤務実態及び働き方の移行等に関する調査」（平成28年度厚生労働科学特別研究「医師の勤務実態及び働き方の意向等に関する調査研究」研究班）結果をもとに医政局医療経営支援課で作成。病院勤務の常勤医師のみ。勤務時間は「診療時間」「診療外時間」「待機時間」の合計でありオンコール（通常の勤務時間とは別に、院外に待機して応急患者に対して診療等の対応を行うこと）の待機時間は除外。医師が回答した勤務時間数であり、回答時間数すべてが労働時間であるとは限らない。

出所：厚生労働省「医師の働き方改革に関する検討会」のデータを基にYCG作成

　まず、「地域医療体制確保加算」が勤務医の負担軽減の一環として新設されました。地域の救急医療体制を支えるため、年間2,000件の救急搬送実績のある病院を対象として、病院勤務医の負担軽減および処遇改善に対する取り組みを評価しています。同様の趣旨で、医師の業務負担軽減に向けた対応として「医師事務作業補助加算」に対する評価が充実（増点）されました。

　医師以外の、医療従事者に対するタスク・シフト/タスク・シェアリングも見直されています。一例を挙げると、1,000件以上の救急搬送受け入れと救急患者受け入れ対応に係る専任看護師の複数配置を要件とした「救急搬送看護体制加算1」が新設されました。加えて、医療従事者の柔軟な働き方に対応する観点から、常勤や専任等の人員配置に関する

要件緩和や、会議や研修、記録類の効率化・合理化を促す基準変更がな
されています（図表2）。

図表2　働き方に係る見直し事項

働き方に係る見直し事項等（全体像）

医師・医療従事者の負担軽減策
- 医療従事者の負担軽減及び処遇改善のための要件の見直し
- 病院勤務医の負担軽減及び処遇改善のための要件の見直し
- 看護職員の負担軽減等の取組に係る評価の見直し
- 救急医療体制における重要な機能を担う医療機関の評価

タスク・シェアリング／タスク・シフティング、チーム医療の推進
- 医師事務作業補助体制加算の要件の見直し
- 病棟薬剤業務実施加算等の要件の見直し
- 周術期におけるタスク・シェアリング／タスク・シフティング
- 看護補助者に係る評価の見直し
- 栄養サポートチーム加算の要件の見直し

人員配置の合理化
- 医師の常勤要件の見直し
- 看護師の常勤要件及び専従要件の見直し

業務の効率化・合理化
- 会議の合理化
- 書類作成の合理化
- 研修要件の合理化
- 診療報酬明細書の記載の合理化
- 地方厚生（支）局への届出に当たっての業務の効率化

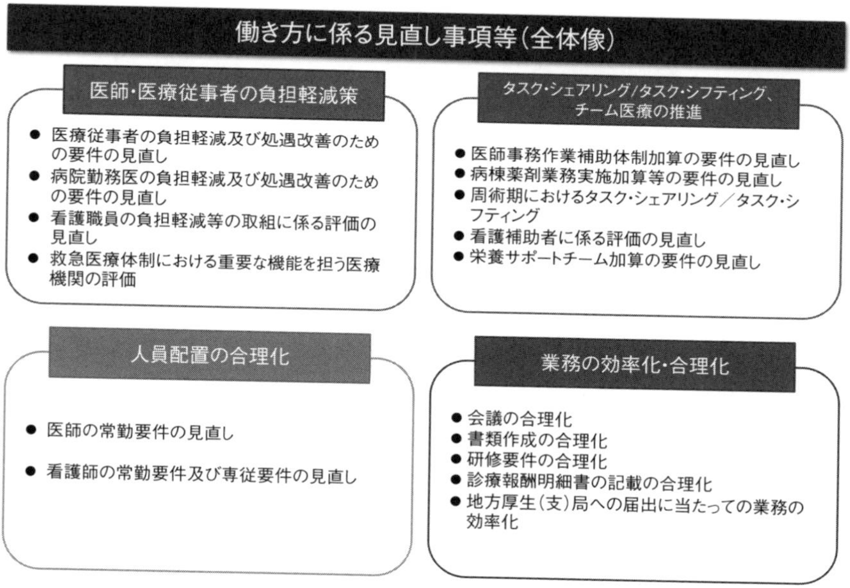

出所：厚生労働省 中医協総会（個別項目（その14））

　しかし、働き方改革に取り組む以前に、医師の労働管理体制が整備されていないことが多くの病院での課題として指摘されています。従って、病院経営者は、まずもって、時間外労働上限の遵守に向けて労働時間管理の適正化、および労務管理の徹底に努めていく必要があります。

3．入院医療における改定内容のポイント

　2020年度診療報酬改定の医療機能ごとの入院医療における主な改定内容のポイントは以下の通りです。

⑴　急性期機能

　急性期一般入院料（以下、入院料）では、一般病棟用の重症度、医療・看護必要度（以下、必要度）が見直されました。2018年度の診療報酬改定では、入院料は必要度に応じて段階的な報酬区分が設定され、今回の改定では必要度の基準が厳格化されました。入院料１の重症患者割合の基準をなんとかクリアしていた病院は、今回の改定により基準を満たすことができなくなる懸念があります。入院料のランクダウンや、病床機能の再編検討が求められると考えられます。

⑵　回復期機能

　400床以上の病院の地域包括ケア病棟に対して、自院の一般病棟からの転棟割合に対する上限が設定されました（図表３）。

図表3　病床規模別の入棟元別の入院患者割合

		許可病床数		
		200床未満	200床以上 400床未満	400床以上
入棟元	自宅等	約5割	約3割	約3割
	他院の 一般病床	約2割	約1割	1割未満
	自院の 一般病床	約3割	約6割	約7割

改定で6割未満に制限。満たせない場合は10％の減収。

出所：厚生労働省「中医協総会（入院医療（その４））」のデータを基にYCG作成

　許可病床数400床以上の病院においては、自院の一般病床からの転棟割合は6割未満と定められ、基準を満たせない場合は、所定点数から1割減額されることとなりました。

　加えて、DPC病棟から地域包括ケア病棟へ転棟した場合、入院期間Ⅱまではは DPC 点数を転棟後も引き継がれます。診断群によっては地域包括ケア病棟入院料の点数と比較して DPC 点数が低くなる場合は減点（減収）となります。

　なお、点数が増える診断群もあるため、病院全体で収益がどう変動するかは精緻なシミュレーションが必要です。

　回復期リハビリテーション病棟に関しては、さらなる「リハビリの質」の確保を重視した見直しとして、FIM（Functional Independence Measure：FIM）評価結果の患者提示やリハビリ実績指数の基準値引上げがなされました（図表4）。

図表4　回復期リハビリテーション病棟入院料のリハビリテーション実績指数の要件

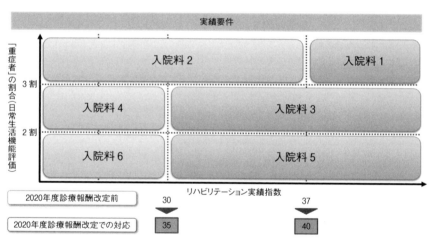

出所：厚生労働省「中医協総会（入院医療（その4））」のデータを基に YCG 作成

(3) 慢性期機能

　慢性期については、医療区分3に該当する「中心静脈栄養」の評価方法見直しや排尿自立指導料の要件緩和により取得の推進が促されました。

　今回の診療報酬改定は、入院料の算定要件の厳格化が行われた他、働き方改革を重点課題とした点に特徴があります。働き方改革においては、医師等の業務負担軽減を促す取り組みに加えて、院内での労務管理や労働環境整備などのマネジメントシステムに対しても評価が設けられています。

　労働時間や労働環境の整備は、人材確保が難しい医療現場において、人材確保や人材定着に繋がり、ひいては医療の質の向上に寄与する取り組みです。これらについて積極的に議論・検討し、環境を整えていくことが重要です。

6　地域医療構想の病院経営に与えるインパクト

Q 地域医療構想の実現に向けた協議が行われています。病院経営に与える影響について教えて下さい。

POINT 地域医療構想の達成に向けて都道府県知事の権限が強化されている。民間病院に対しては強制力を持たないが病院経営の方向性検討に一定の影響を与えている。加えてM＆Aの意思決定に影響を及ぼすケースも生じている。

経営戦略への影響有無は調整会議の参加者構成等によって異なるため地域ごとに丁寧に見ていく必要がある。

A

1．地域医療構想の実現に向けた取り組み

地域医療構想の達成に向け、制度環境の整備が進められています。その一つに地域医療構想調整会議による関係者の協議があります。各地域の実情に合わせるため、関係者の自主的な取り組みにより機能分化を推進することを狙いとしています。

なお、自主的な取り組みでは地域医療構想の達成が進まない場合は、知事に与えられている権限を行使して推進を図ることができるとされています。

地域医療構想の実現に向けた各種制度の運用状況は関係者の参加状況や地域特性（都市部か人口減少地域か）によって異なります。地域によっては、各病院の戦略や意思決定に影響が出始めているところもあるようです。

図表 1　都道府県知事の権限行使フローチャート

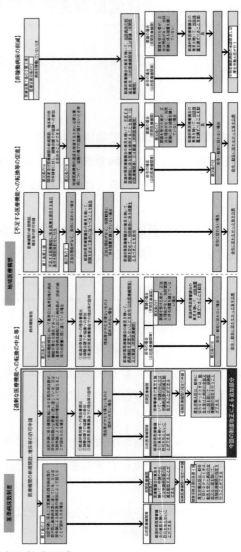

（注）：二つの図表は統合予定

出所：厚生労働省

　加えて、他の病院を譲り受ける（買収側）意向や手続きにも影響が出るおそれがあり、注意が必要です。図表1は地域医療構想の実現に向けた都道府県知事の権限行使に関するフローチャートです。本節では、図表1の内容に沿って規制の内容について触れた後、病院経営に与える影響について解説します。

２．地域医療構想の達成に向けた都道府県知事の権限

⑴　過剰な医療機能への転換の中止

　第一に、病床機能報告における報告基準日において、必要病床数が現在病床数を既に上回っている場合、やむを得ない事情がある場合を除いて当該医療機能への転換の中止を、公的病院であれば命令、民間病院であれば要請することができると定められています。命令（要請）にいたるまでには地域医療構想調整会議での協議や、医療審議会での理由説明等を経る必要があります。

　従来、一般病床や療養病床の転換は各病院の裁量をもって進めることができました。しかし、今後は、少なくとも調整会議で説明する必要があるようです。もし調整会議で医療機能の転換が認められない場合は、経営戦略の見直しを余儀なくされますので注意が必要です。

　病院の新設や増床するケースに対しても都道府県知事の権限が強化されています。従来、病院の新規開設や増床に関する許認可は基準病床数制度に基づき判断されていました。すなわち、既に存在している病床数で医療供給が充足していると判断された場合、知事は更なる新規開設等の許認可を与えないことができます。過剰な医療供給は過度な医療費増に繋がるおそれがあるためです。

　今回、医療供給が充足していない場合においても、医療機能レベルで充足している、あるいは将来充足されると判断されるケースにおいては、

例え現時点で病床数が不足しているとされる地域においても新規開設や増床許可は与えないことができる、という権限が追加されました。

　つまり、基準病床数（病床数の総量）に加えて地域医療構想（医療機能ごとの需給状況）が戦略検討や事業展開の制約条件になったと言えます。

　なお、命令や要請に従わない場合は、知事はその旨公表することができます（医療法30条の18）。公表されることにより、いかなる影響が生じるかは不透明ですが、レピュテーションリスクは避けられないかもしれません。強制力を持たせることによって構想の実現を促そうとする意図が見て取れます。

(2)　不足する医療機能への転換の促進

　第二に、届け出している医療機能およびその稼働状況と地域の需給状況を鑑み、転換について協議した場合において、議論がまとまらない時には、医療審議会の意見を聴き、不足する医療機能への転換を指示（公的医療機関）または要請（民間医療機関）することができるとされています。

　つまり、現在の医療機能が過剰であり、かつ病棟稼働が低いのであれば不足している医療機能へ転換した方がいい、という判断です。新たに病院の開設許可や増床許可の申請があった場合においても、不足する医療機能を提供することができる旨の条件を付すとされています。

　仮に、自院で強化したい機能が不足する医療機能と異なる場合は、やはり、機能転換を見直すよう知事から要請を受けます。従わない場合は公表という措置が講じられます。要請であれば必ずしも従う必要はないように思われますが、実際には許可申請が通らないと考えられますので、実質的な強制力があると言えるかもしれません。

(3)　非稼働病棟の削減

　第三に、非稼働病棟（1年間患者を受け入れていない病床のみで構成される病棟）に対して、稼働していない理由や今後の運用計画について調整会議で説明することが求められます。もし理解が得られない場合、医療審議会の意見を聴いた上で、病床数の削減要請を受けるようです。

　加えて、正当な理由がなく削減要請に従わない場合は、削減勧告を経た後、病院名を公表する、という点はこれまでと共通です。

　非稼働病棟を再開する予定である場合においても、当該病棟を稼働させることで、当該機能に係る医療需給のバランスが崩れる（病床過剰状態になる）場合は、「過剰な医療機能への転換」と同等とみなされますので注意が必要です。

　図表2は非稼働病棟の削減をした、あるいは削減予定である医療機関リストです。診療所の事例が散見されますが、民間病院の削減事例も見受けられます。**19**（160ページ）で解説している通り、病床規模を縮小することは病院経営者にとっては極めて重大な決断です。民間病院に対する知事の権限はあくまで要請に留まっていますが、地域医療構想調整会議での協議が経営方針に影響を与える事例として注目されます。

図表2　非稼働病床の削減事例

（減床済み）　H28年病床機能報告での報告以降の例

都道府県	設置主体	医療機関名	許可病床数	うち非稼働病床	減床数（予定数）	対応年月
山形県	公立	A病院	360	45	60	2018年4月
栃木県	民間	B診療所	19	19	19	2017年6月
富山県	公立	C病院	109	49	49	2018年2月
石川県	民間	D病院	294	54	95	2016年10月
石川県	公立	E病院	662	43	32	2018年1月
和歌山県	公立	F病院	274	56	26	2017年5月

和歌山県	民間	G診療所	19	19	19	2017年12月
和歌山県	民間	H診療所	19	19	19	2017年12月
和歌山県	民間	I診療所	3	3	3	2017年3月
和歌山県	公立	J診療所	2	2	2	2017年4月
和歌山県	民間	K診療所	19	19	19	2017年11月
和歌山県	公立	L診療所	2	2	2	2017年3月
島根県	公的等	M病院	301	48	48	2018年4月
愛媛県	民間	N病院	401	31	31	2016年10月
愛媛県	民間	O診療所	19	19	19	2017年3月
宮崎県	民間	P診療所	19	19	19	2018年4月
宮崎県	民間	Q診療所	2	2	2	2018年3月

（今後予定されているもの）

新潟県	公立	R病院	99	39	39	2018年予定
富山県	公立	S病院	190	41	41	2019年3月予定
長野県	公的等	T病院	416	41	47	2018年予定
長野県	公的等	U病院	310	50	50	2018年予定
長野県	公立	V病院	273	54	54	未定
静岡県	公立	W病院	426	39	39	2018年10月予定
和歌山県	民間	X病院	60	10	16	2018年5月予定
山口県	公的等	Y病院	475	48	48	未定

出所：厚生労働省

　以上、知事の権限強化（規制の強化）について解説しました。規制強化によって、自院の方針を見直さざるを得ない状況が発生する懸念が生じ得ます。筆者の顧客においても調整会議による影響を受けている事例があり、今後も、調整会議の議論の状況や近隣病院の動向を注意深くみていく必要があります。

　ところで、地域医療構想および調整会議の議論は病院経営にどのような影響を及ぼす可能性があるでしょうか。次項では、経営戦略およびM

＆Ａを検討する場合における調整会議の影響懸念についてみていきます。

３．経営戦略検討における影響見通し

　まず、自院が属する構想区域における将来の必要病床数と現在の病床数を比べ、将来的な需給見通しを把握します。

　仮に、現在または将来において供給過剰となる場合は機能転換が必要となるかもしれません。もし、急性期機能を有する病院において稼働率が低下もしくは停滞している場合、競合する病院に対し劣後していることが原因であるならば、今後、現在の医療機能で生き残っていくことが難しくなる懸念があります。一般的に、人口構造変化によって急性期機能の需要は減る見通しであり、供給過剰の状態が拡大するためです。

　他の医療機能へ転換するかどうかは、病院の方針や職員の志向によるので慎重な検討が必要です。医療機能の転換に向けた検討ステップを図表３に整理しました。

　まず、事業モデル（医療機能）の将来見通しを把握します。そして、現在の医療機能を維持したまま病院を存続させることを目標とした場合、医療機能の改良余地について検証します。もし改良余地がない、もしくは実現がなかなか難しいと判断される場合において機能転換を図るという進め方です。

　筆者の経験では、急性期の病院の医療従事者は急性期医療を志向するため、他の医療機能への転換を敬遠する傾向があります。従って、転換することを職員に説明する際、きちんと検討したかどうかという点を丁寧に説明し理解を得る必要があります。その点においても改良余地に関する検証が必要です。

　参考までに日本全体での医療機能ごとの現在病床数と必要病床数を図表４に示しています。これをみると急性期が将来的に過剰になることが

図表3　医療機能の転換に向けた検討ステップ例

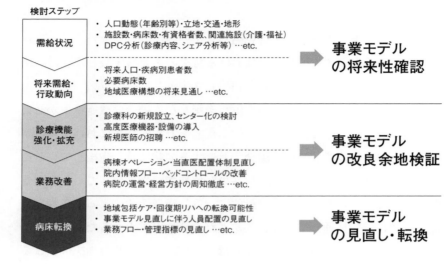

検討ステップ

| 需給状況 | ・人口動態(年齢別等)・立地・交通・地形
・施設数・病床数・有資格者数、関連施設(介護・福祉)
・DPC分析(診療内容、シェア分析等) …etc. |
| 将来需給・
行政動向 | ・将来人口・疾病別患者数
・必要病床数
・地域医療構想の将来見通し …etc. |

→ 事業モデル
　の将来性確認

| 診療機能
強化・拡充 | ・診療科の新規設立、センター化の検討
・高度医療機器・設備の導入
・新規医師の招聘 …etc. |
| 業務改善 | ・病棟オペレーション・当直医配置体制見直し
・院内情報フロー・ベッドコントロールの改善
・病院の運営・経営方針の周知徹底 …etc. |

→ 事業モデル
　の改良余地検証

| 病床転換 | ・地域包括ケア・回復期リハへの転換可能性
・事業モデル見直しに伴う人員配置の見直し
・業務フロー・管理指標の見直し …etc. |

→ 事業モデル
　の見直し・転換

出所：YCG作成

わかります。既に供給過剰に陥っている地域もあるようです。改めて自院の地域の需給状況と稼働状況を鑑み、医療機能の選択（ポジショニング）が必要です。

　なお、図表4をみると回復期の医療機能がまだ充足していないと見えるかもしれません。詳細は割愛しますが、実質的に回復期の病院が急性期として届出ていることがあります。地域の実情によっては必ずしも不足しているとは言い切れないため注意が必要です。

4．M＆Aにおける規制強化の影響見通し

（1）　譲渡（候補）側（売却側）への影響

　調整会議の議論および規制の強化はM＆Aの動向にも影響を与えると見込まれます。譲渡側（売却側）においては、従来想定できたような売

図表 4　医療機能別の必要病床数の将来見通し

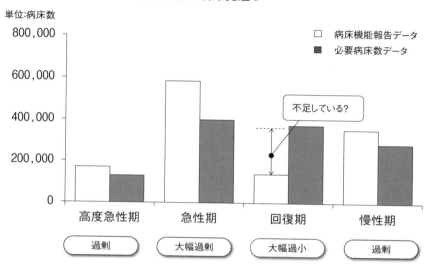

単位:病床数

凡例：
□ 病床機能報告データ
■ 必要病床数データ

不足している？

高度急性期	急性期	回復期	慢性期
過剰	大幅過剰	大幅過小	過剰

出所：厚生労働省

却条件とはならない可能性が考えられます。

　基準病床数制度に基づく総量規制により供給管理がなされていた時代において、多くの地域は病床過剰地域であり、既存の病床自体に価値がありました。総量規制が新規参入の障壁であり、既存病床を譲り受けるしか参入方法がなかったためです。譲受側（買収側）は、病床を譲り受け、後に、自身が志向する医療機能への転換や拡張を図ることができたため、誤解を恐れずに言うと、病床さえあれば売却できる可能性がありました。

　しかし、規制の強化により、過剰な医療機能であれば転換について中止要請を受ける、または、自院の志向とは関係無く機能転換が議論される、稼働していない病棟である場合は削減要請を受ける等、病床を取得したとしてもその後の運用に大きな制約が生じる可能性があるため、以

前に比べて売却条件が厳しくなったと言えます。病床に価値があった時代から、転換期を迎えているかもしれません。特に人口減少が先行して進んでいる地域においてその傾向が表れはじめています。

(2) 譲受（候補）側（買収側）への影響

買収側においては、上述の通り、買収後の経営戦略に狂いが生じる可能性があるため、以前に比べて買収可否に関する意思決定が慎重になる傾向が見られます。開設者が変更になる場合も調整会議にて説明が求められるため、開設者変更を伴うスキーム検討にも影響が生じます。

加えて、調整会議での説明が求められる、また、医療審議会の意見を聴く等の手続きが生じる場合、Ｍ＆Ａのスケジュールの長期化や変更が余儀なくされることも考えられます。

地域医療構想の達成に向けた取り組みは一部の地域においては、強い問題意識を持つ当事者がリーダーシップを発揮することで進んでいます。医療機能の分化と連携が進んでいないとされる地域でも引き続き協議がなされていくでしょう。

地域医療構想調整会議が参加者の経営判断にいかなる影響を及ぼすかは、利害関係者のパワーバランスによります。地域の医療機能ごとの需給状況によっては、自院の経営戦略の方向性に影響を与える要因となるかもしれません。

更に、Ｍ＆Ａの検討・実行にも影響が出ることが想定されます。他の病院を譲り受けたのち、思惑通りに方向転換ができないということがないようにするために、当該地域の需給状況の将来見通しに加えて、関係者の意向や調整会議の議論の状況を踏まえながら慎重に判断する必要があります。

7 人口構造の変化が病院経営にもたらす影響

Q 人口構造の変化（高齢化・人口減少）に伴い生じる様々な課題が指摘されています。病院経営に与える影響について教えて下さい。

POINT 人口構造の変化のうち高齢者人口の増加に関する市場環境変化は、病院経営において肯定的に受け取られがちである。

しかし、医療機能ごとにみると、影響の受け方は異なることに留意が必要である。急性期の病院においては今後需要が縮小していく可能性が見込まれる。いかなる影響を受ける可能性があるか、まずは、自院の年齢別の患者構成を把握することが有効である。

病院は医師・看護師の夜間配置が必要であるが、人材の維持・確保が難しい地域においては夜間対応人材の減少に伴い、事業規模の維持・存続が危ぶまれている。

A ･････････････････････････････････････

1．人口構造の変化は病院経営にプラスか？

医療機関は、ヒト（患者）を対象として、ヒト（医師、看護師等有資格者）がサービスを提供します。従って、総人口の減少や高齢化の進展といった人口構造の変化は、業界に多大な影響を及ぼします。

日本は、2008年より人口減少局面に入ったとされ、今後は減少傾向が加速すると予測されています。人口予測は精度が高いと言われていますので、将来起こり得る変化を見極め、対策の検討を進めることが重要です。

なお、人口構造の変化は全国一様ではなく、地域によって置かれている状況は大きく異なります。地域ごとの人口構造とその将来予測、医療提供体制の特徴等を踏まえた検討が必要となるでしょう。

　医療業界において指摘される人口構造の変化に「2025年問題」があります。いわゆる団塊の世代と言われる年代層がすべて75歳以上人口に該当するタイミングであり、2025年までに75歳以上人口は急増します。

　図表1は年齢階級別の一人当たり医療費を示しています。これを見ると、75歳以上人口の1人当たり医療費は64歳以下の医療費の約5倍要するという統計結果です。医療費は、病院経営の観点でみると需要量を意味しますので、2025年までに医療需要が大きく増加すると言えるかもしれません。

図表1　年齢区分別1人当たり国民医療費

（単位：万円）

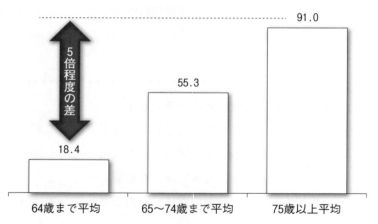

出所：厚生労働省

　ところで、高齢人口以外の区分人口は一貫して減少すると予測されて

います。次項で解説する通り、年齢区分によって必要となる医療サービスは異なるため、これまでの人口構成を前提にして構築されていた医療提供体制では需要の量と質の変化に応えられない懸念があり、再構築する必要性が議論されています。

2．病院経営への影響──需要面における変化

　人口構造の変化が需要面に与える影響見通しについて見ていきましょう。図表2をご覧下さい。

図表2　医療機能別年齢別の入院患者割合

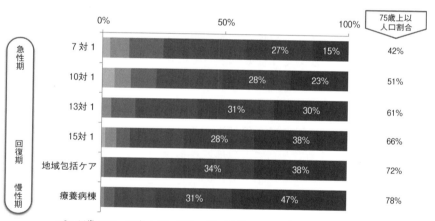

注：縦軸は一般病棟入院基本料の区分を示している。
　　　　　　　　　　出所：厚生労働省のデータを基にYCG作成

　図表2は、医療機能別の年齢別入院患者割合を示した図です。15歳刻みで区分された階級別割合で表しています。右側に75歳以上人口の割合を記載しています。

ポイントは2つです。1つ目は、回復期や慢性期の医療機能において75歳以上人口が占める割合は7割を超えています。つまり、今後の人口構造の変化は、マーケット規模が拡大するという点においてプラスの影響であると言えます。

　他面、2つ目の指摘事項として、急性期機能の75歳以上人口の占める割合は小さく、特に7対1入院基本料の病床においては5割以下です。60歳から74歳以下の年齢階級も含んでいますが、当該年齢階級は減少段階にあります。つまり、急性期機能が対象にする人口規模（マーケット規模）は既に縮小傾向にあるかもしれません。

　一般的に、人口の高齢化が進めば、高齢者は受療率（病院や医療機関に通院、入院している患者数の人口比）が高いことから、患者数が増える、つまり、マーケット規模は拡大する、すなわち、病院経営には追い風であると見られがちです。総体としては確かにその通りかもしれません。

　しかし、医療機能ごとに見ると必ずしもそうは言えないことがわかります。急性期の対象患者は今後減少するという試算であり、前節で解説した通り、厚生労働省としても急性期機能は過剰である、もしくは将来過剰になるという見立てです。人口の構造変化をどの程度受けるか、自院の外来・入院患者の年齢構成とその推移について確認してみるといいかもしれません。

3．病院経営への影響——供給面における変化

　次に、人口変化による医療提供体制への影響について見ていきましょう。

　医師や看護師不足が長い間叫ばれ、その人材確保・維持は病院経営における基本課題です。そして、人口減少地域においてはより一層深刻な課題となって病院経営者を悩ませています。特に夜間における職員体制

の維持は難題です。

　病棟を運営するためには、昼夜問わず看護職員等を配置する必要があります。夜勤帯に従事できる看護師を一定程度維持する必要がありますが、結婚や出産等のライフイベントによって、または、加齢に伴い、肉体的および精神的負担に耐え切れず夜勤対応がいずれ難しくなります。従って、病棟運営を維持するためには、定期的に職員の入れ替えを行う必要があります。

　しかし、人口減少地域においては、人材確保は容易ではありません。新卒看護師はもちろんのこと、中途入職者の採用も難しいケースが往々にして発生します。出産、育児による夜勤体制への影響は、病院経営の思惑とは別に突発的に発生することが多く、運営に支障が生じるリスクが内在していると言えます。

　図３は、夜勤看護師数の見通しと稼働病床数の試算事例です。過去の実績を基にした入退職の見込みや加齢に伴う夜勤対応の可否を想定し試算したところ、次第に夜勤対応ができる看護師数は減少していきます。それに応じて、稼働できる病棟数（病床数）が減少するという構図です。

　病棟（病床）が空けられないという話を病院関係者が言う場合、入院患者がいないからベッドが空いているのではなく、病棟運営に必要な配置人数を賄うことができないため稼働させることができない、という医療提供側の要因であることが多くあります。人口構造の変化は不可逆的で、その趨勢が変化するには超長期の時間を要します。

　従って、特に人口減少の先行的地域の病院は、事業規模を維持することが難しい環境下におかれています。

　３（24ページ）において急性期一般入院基本料を例にして看護配置の必要数を解説しました。それとは別に、病院が定める夜勤帯には看護師を病棟ごとに２人以上配置するよう施設基準において定められています。

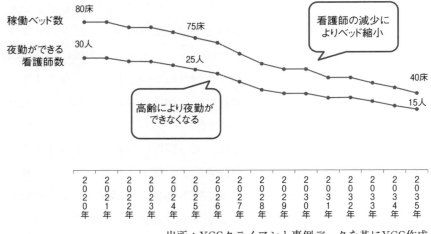

図表3　将来看護師数の試算と稼働可能病床数の見通し

出所：YCGクライアント事例データを基にYCG作成

　日勤帯の看護師確保もさることながら、夜勤帯の職員確保に頭を悩ませている病院経営者は多く、経営のかじ取りにおいて、抜本的な見直しを迫られることも往々にしてあるようです。

４．病床を保有し続けることが経営的なリスクとなりつつある

　これまで見てきたように、入院医療の需要動向は、急性期では減少、回復期・慢性期では、増加しつつも次第に減少すると考えられます。加えて、働き手の減少も影響し、また、医療業界固有の人的資源の偏在という課題も相まって病院のベッドを維持することが難しくなりつつあります。誤解を恐れずに言うと、ベッドを保有し続ける事自体が経営リスク化しつつあるということです。

　筆者は、全国の病院経営者と接する機会があります。話を聞くと、人口構造の変化およびそれに対応する各種制度の見直しの動向を踏まえて、

経営者の価値観・考え方に変化が起こっていると感じています。以前に比べて、病院のベッド数を維持することに対して考えが柔軟になってきているという点です。具体的には、病床数を減らしたり、あるいは医療機能を転換させたりすること、また、極端なケースで言うと病床を返上し無床クリニック化する事も検討対象となることが増えてきています。

　従前は、病床規模・機能を維持することが各種経営判断の前提条件となっていました。ところが、経営者の考えが変わりつつあると感じています。特に、建物が老朽化し、建て替えを検討するタイミングでこの問題は顕在化します。

　仮に、現在の病床規模においても、何らかの要因により稼働率が停滞しているケースにおいて、次の30〜40年を同じ規模の病院として経営することができるかどうか、直感的には難しいと感じるようです。基本構想立案には詳細な検討と検証が必要であることは言うまでもありませんが、病院を当地に存続させ、地域医療に貢献し続けることを念頭においた場合、事業規模（病床規模）や事業内容（医療機能）にも踏み込んだ聖域ない検討が必要です。

　これまで見てきたように、病床を保有・維持することが難しくなりつつあります。必要に応じて、現在の病床規模や医療機能を維持すべきかどうか、地域における病院の在り方を見直すべき時期に差し掛かってきていると考えられます。

　厚生労働省はユニバーサルヘルスカバレッジ（Universal Health Coverage：UHC）と言われる、地域によらずすべての人が適切な医療サービスを受けられる状態づくりを基本的目標としています。人口減少が加速度的に進んでいる状況下において、いかにして病院を存続可能な状態としていくかは非常に重要な課題となっています。

□　保険収入の占める割合が大半である医療・介護事業者は、改定により多大な影響を受けるため、改定の動向を把握し対応策を検討することが必須である。

□　競合のみならず連携、関連施設も含めた地域の医療・介護の提供体制を面的に捉え、自らのポジショニングをどう定めるか、という経営判断が必須である。

□　施設基準を下位区分に変更せざるを得ない病院は大幅な減収が懸念される。必要に応じて、地域の需給状況を勘案しつつ、病床機能の見直しを検討すべきである。

□　地域医療構想の達成に向けて都道府県知事の権限が強化されている。民間病院に対しては強制力を持たないが、病院経営の方向性検討に一定の影響を与えている。加えてＭ＆Ａの意思決定に影響を及ぼすケースも生じている。

□　人口構造の変化のうち高齢者人口の増加に関する市場環境変化は、病院経営において肯定的に受け取られがちである。しかし、病院種類ごとにみると、影響の受け方は異なることに留意が必要である。

第3章

経営管理編

Q 病院の損益構造の特徴について医療機能別に教えて下さい。

POINT 病院は、対象とする患者の状態に応じた入院基本料（または特定入院料）を算定している。適切な入院基本料を算定するためには必要な諸条件（施設基準）を遵守する必要があり、施設基準が損益構造や収入構造を決めている。病院の損益構造を理解するためには入院基本料の施設基準との関係性を押さえる必要がある。

A ....

1. 医療機能とは

　本節では医療機能の違いによる病院の損益構造の特徴について解説します。

　医療機能は、図表１にある通り、医療提供の状況と患者の状態に応じた区分です。（高度）急性期では患者の状態が不安定であり、速やかに安定化させることを目的として治療（手術や高度専門的治療含む）等の医療提供を行います。規模の大きい、救急車を多く受け入れる、いわゆる総合病院が急性期の病院としての一般的なイメージです。次に、急性期治療の後、在宅復帰に向けてリハビリ等を行う機能を回復期として区分しています。在宅に戻ることができない場合は、長期療養を目的とした慢性期機能を有する病院に入院します。患者の多くは寝たきりで、病状は安定しつつも継続的なケアを必要とするため、長期に入院することが一般的です。

図表 1　各医療機能の特徴

医療機能の名称	医療機能の内容	入院基本料・特定入院料例
高度急性期	急性期の患者に対し、状態の早期安定化に向けて、診療密度が特に高い医療を提供する機能	【入院基本料】 ・一般病棟入院基本料（急性期一般入院料１ 〜 ３）　等 【特定入院基本料の例】 ・救命救急入院料（救命救急入院料１ 〜 ４） ・特定集中治療室管理料（特定集中治療室管理料１ 〜 ４）　等
急性期	急性期の患者に対し、状態の早期安定化に向けて、医療を提供する機能	【入院基本料】 ・一般病棟入院基本料（急性期一般入院料１ 〜 ７） ・一般病棟入院基本料（地域一般入院料１ 〜 ２）　等 【特定入院基本料の例】 ・地域包括ケア病棟入院料（地域包括ケア病棟入院料１ 〜 ４、地域包括ケア入院医療管理料１ 〜 ４）
回復期	急性期を経過した患者への在宅復帰に向けた医療やリハビリテーションを提供する機能 特に、急性期を経過した脳血管疾患や大腿骨頚部骨折等の患者に対し、ADLの向上や在宅復帰を目的としたリハビリテーションを集中的に提供する機能（回復期リハビリテーション機能）	【入院基本料】 ・一般病棟入院基本料（急性期一般入院料４ 〜 ７、地域一般入院料１ 〜 ３） 【特定入院基本料の例】 ・地域包括ケア病棟入院料（地域包括ケア病棟入院料１ 〜 ４） ・回復期リハビリテーション病棟入院料（回復期リハビリテーション病棟入院料１ 〜 ６）　等
慢性期	長期に渡り療養が必要な患者を入院させる機能 長期に渡り療養が必要な重度の障害者（重度の意識障害者を含む）、筋ジストロフィー	【入院基本料】 ・一般病棟入院基本料（地域一般入院料１ 〜 ３） ・療養病棟入院基本料（療養病棟入院料１ 〜 ２）　等

患者又は難病患者等を入院させる機能	【特定入院基本料の例】 ・特殊疾患病棟入院料（特殊疾患病棟入院料１ 〜 ２） ・地域包括ケア病棟入院料（地域包括ケア病棟入院料１ 〜 ４） 　等	

出所：厚生労働省のデータを基にYCG作成

　医療機能は地域医療構想における概念であり、診療報酬制度には規定されていません。参考として、当該医療機能に該当すると考えられる入院基本料や特定入院料が例示されていますが、該当する基本料を算定しているからといってただちにその医療機能であることを示すものではないという注釈があります。

　ともあれ、本節では便宜的に、例示された基本料および特定入院料をケースにして医療機能ごとの損益構造の違いについて見ていきます。

２．医療機能ごとの損益構造の特徴

　図表２は医療機能ごとの業界平均的な損益概要を示しています。

　医療機能の違いは、損益項目や、後に解説する経営指標の各所に違いとして出てきます。

図表２　医療機能別の損益概要

（単位：百万円）

	急性期		回復期		慢性期	
	金額	比率	金額	比率	金額	比率
医業収益	5,864	100.0%	4,755	100.0%	1,326	100.0%
材料費	1,214	20.7%	656	13.8%	126	9.5%
人件費	3,173	54.1%	2,872	60.4%	800	60.3%

常勤医師人件費	686	11.7%	509	10.7%	99	7.5%
常勤看護師人件費	979	16.7%	837	17.6%	237	17.9%
常勤その他職員人件費	1,144	19.5%	1,170	24.6%	341	25.7%
その他人件費	364	6.2%	357	7.5%	122	9.2%
その他費用	1,378	23.5%	1,136	23.9%	367	27.7%
医業費用	5,765	98.3%	4,665	98.1%	1,293	97.5%
医業利益	100	1.7%	90	1.9%	33	2.5%

1床当たり医業収益	26,041	千円	21,892	千円	9,679	千円
1床当たり固定資産額	17,665	千円	16,069	千円	8,410	千円

備考：医療法人立の病院、2018年度のデータ
　　　その他費用には委託費、設備関係費、経費が含まれる
　　　各医療機能は以下の施設基準のデータを用いている
　　　急性期：急性期入院基本料1、回復期：回復期リハビリテーション病
　　　棟1、慢性期：療養病棟入院基本料1
　　　調査対象病院の平均値であり、それぞれの病床規模は、急性期225床、
　　　回復期217床、慢性期137床

　　　　　　　　　出所：厚生労働省のデータを基にYCG作

　例えば、1床当たりの医業収益をみると、急性期が最も高く、回復期、慢性期の順に低くなります。急性期は図表1で解説した通り、診療密度が高い医療を提供する機能です。多くの医療資源を投入し、手術等の治療を行うため、その分多額の診療報酬点数を算定します。従って、収益性が他の医療機能に比べて高くなるため1床当たりの医業収益に差が生じます。

　同様に、費用構造の違いについて、売上高に対する費用の割合を基に見ていきましょう。診療材料や医薬品のコストが計上される材料費の売上高比率は1床当たり医業収益と同じような傾向です。つまり、急性期が最も高い割合を示しています。急性期医療を必要とする患者に対して

は多くの材料コストが投入されるためと解されます。一方、慢性期においては、状態が比較的安定している患者を対象としている医療機能であるためか、その割合は最も小さくなっています。

　人件費比率は、いずれの医療機能においても50パーセントを超え、コスト構造の過半を占めています。しかし、急性期の病院において小さく、回復期や慢性期の病院の方が大きな割合を構成しています。回復期・慢性期の病院は、職員数が多いとか、給与が高いといった議論ではなく、材料等の変動費や、設備投資に関係する費用（設備関係費といいます）が急性期の医療機能と比べて相対的に小さいため、人件費の構成割合が大きくなるためです。

　最後に、利益水準を見てみましょう。わずかな違いに見えるかもしれませんが、急性期の病院が最も低く、慢性期において高いという構図です。この点については次節で触れる収益構造の特徴と関連します。本節では、まず、医療機能ごとに利益水準に差があるということを押さえましょう。

3．医療機能ごとの収益構造の特徴

　前頁では、医療機能ごとの損益構造の違いについて見てきました。ところで、医療機能の違いは収入構造にも表れます。

図表3　入院収益における主な経営指標の医療機能比較

		急性期	回復期	慢性期
病床利用率	％	82.6	87.9	91.3
平均在院日数	日	14.8	30.0	124.7
入院単価	円	57,656	46,956	23,072

医師1人当たり入院患者数	人	4.1	6.2	14.9
看護師1人当たり入院患者数	人	0.9	1.2	2.3

備考：医療法人立の病院、2018年度のデータ

出所：厚生労働省のデータを基にYCG作成

　図表3では入院収益における主な経営指標を、医療機能ごとに比較しています。この図表から、互いに関係する2つのポイントが指摘できます。経営の安定性と収益性はトレードオフの関係にあるという点です。特に急性期の病院において顕著です。その要因について順次見ていきましょう。

　まず、安定性について見てみます。慢性期機能に寄るほど高まる傾向があります。図表3をみると、病床利用率は慢性期の病院において最も高く、その理由として急性期や回復期と比較して大幅に長い平均在院日数が考えられます。平均在院日数は文字通り、患者が入院して退院するまでに要した期間の平均値です。別稿4（32ページ）で解説した通り、入院医療に関する保険収入を算定するためには施設基準を遵守する必要があります。そして、施設基準の要件に平均在院日数が組み込まれていることがあります。例えば急性期一般入院基本料です（5（41ページ））。急性期は施設基準上、他の医療機能に比べて短期間で退院させる必要があるため、最も短い平均在院日数となっています。

　なお、入院の初期段階において算定できる加算が設けられていることもあります。例えば、入院初日から数日間は、入院基本料に加えて追加的な収入が算定できます。一方、所定の入院期間を超えると単価が下がる、重症度割合の基準から外れる（5（42ページ））といったペナルティが設けられています。総じて、入院期間を短く維持しようとする経営的な（ディス）インセンティブにより、平均在院日数が一定期間内に維

持されているようです。

　ところで、平均在院日数は病床の回転率を示す指標でもあります。急性期は病床の回転率が高く、慢性期の８倍以上です。言い換えると、慢性期の患者１人分の入院日数を急性期において確保する場合、８人の患者を入院させなければなりません。短期間で退院できるよう状態の早期安定化を図ることで高い収入単価が得られる（収益性が高まる）一方、絶えず新規の入院患者を確保できなければ病床利用率が下がる（維持できない）懸念があります。

　入院収益は患者数と単価の２つで構成されています。そして、急性期の病院において、この２つの指標はトレードオフの関係性であることがわかります。

　病床利用率は病院経営における重要な経営指標です。多くの病院が目標値を定め、進捗管理しています。

　入院日数が延びれば病床利用率は安定化する方向に働きます。ところが、施設基準は入院期間を一定期間内に収めることを要請します。仮に、病床利用率を高く維持しようとすると、施設基準の維持が難しくなり、入院基本料を下位区分で算定せざるを得なくなるかもしれません。すなわち、単価が低下し減収します。施設基準は病院の運営と経営を一体的に考えざるを得ない仕組みになっていると言えるでしょう。

　急性期の病院において、入院単価を維持しつつ（回転率を維持しつつ）、病床利用率を一定水準に留めるために唯一効果的であるのは、新規入院患者数を単価と数量（患者数）がトレードオフにならない水準で確保することです。病床が過剰とされる地域では患者を集めるために競争する必要もあるでしょう。集患に向けた様々な方策を講じる必要があります。加えて、受け入れた入院患者を、多量の医療資源を投入し短期間で退院できる状態まで回復、または状態を安定化させるオペレーショ

ンも求められます。

　一方、慢性期の病院は回転率が低いため、病床利用率の維持に必要な新規入院患者数は急性期と比べて少なく、利用率は高い水準で安定する傾向にあります。ただし、入院単価は他の医療機能より低いことから、経営的な指標として何よりも病床利用率が重要視されます。

　前項で利益率の差について触れました。急性期に比べて慢性期の方が安定稼働しやすい条件であるため、利益率が高い傾向を示しているのかもしれません。急性期は高稼働で病床を回転させることができればより高い収益性を得られるかもしれませんが、図表2で示した平均データにおいては稼働の繁閑さが生じているためか利益率は低くなっていると見られます。

4．まとめ

図表4　医療機能別の損益モデル

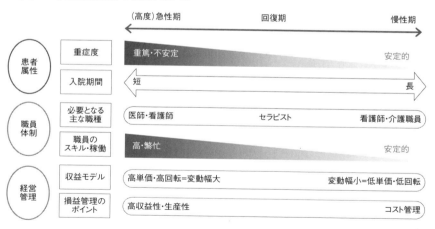

出所：YCG作成

以上、損益構造と収益構造の医療機能における違いについて見てきま

した。やや単純化していますが、図表４にこれまでの議論を整理しています。

　本稿では医療機能という視点で解説しました。機能の違いは対象とする患者像の違いとして表れます。医療機能に適した患者を受け入れ、医療提供を行うために定められている施設基準に従って運営と経営を両立させるためのオペレーションが求められています。

　施設基準を遵守することは目的ではありません。しかし、施設基準というルールに基づいて所定の診療報酬は算定されます。そして、施設基準には、経営的にトレードオフとなる仕組みが組み込まれているため、特に急性期の病院においては、運営面と経営面をともに成立させるために、必要に応じてオペレーションを改善することが求められています。

9 **予算策定の際に注意すべきこと**

Q 予算を作る流れや押さえるべきポイントについて教えて下さい。

POINT 予算策定においては 3 つのポイントを押さえる必要がある。

① 　いかに直接部門を巻き込み、認識の共有を図ることができるかどうか。特に、診療部門および看護部門の協力が必須となる。

② 　目標設定の考え方は職員、患者の目線に立ったものであるかどうか。

③ 　人員計画を作成する際に何らかの指標を用いて直接部門と対話を進めているかどうか。

A ••

1．予算策定にはどのようなアプローチがあるか

　予算策定はプロセスが重要です。つまり、誰を巻き込んで予算づくりを行っていくかです。大別するとトップダウンアプローチとボトムアップアプローチに分かれます。なお、双方のアプローチを折衷して取り入れる手法も見られます（図表 1）。

　トップダウンは、経営幹部と予算策定部門（多くは経理／財務課や経営企画室、もしくは法人事務局）の一部の役職員だけで素案を作成する方法です。あるべき利益目標等から作成するため、達成できた場合は新たな投資や新規事業といった経営方針の実現に直結させることができます。

　他面、現場職員を巻き込んでいないことがあると、医師や看護師の理解が得られない可能性が高く、計画実現に懸念が生じます。極端なケー

トップダウン型	・事業計画・利益目標から現場・部門計画に落とし込んでいく手法。 ・全体計画→部門計画への整合性が取りやすく、利益目標から逆算して策定していくことができる。 ・部門計画へ落とし込んでいく過程で、現場職員が理解できる指標・単位を用いる必要がある。 ・現場・部門と目標数値に擦りあわせできていない場合、押し付けられた「ノルマ」のような捉え方をしてしまう懸念（コミットメントが得られない）。
調整・折衷	・事業計画・利益目標を各現場・部門が理解できる指標に変換し、目標数値を達成する必要性（及び達成する（しない）ことで自身・自部門にどのような影響があるか）を共有し達成への理解・コミットメントを得る。 ・各現場・部門の当事者意識醸成に向け、目標達成に向けた方策の検討過程に巻き込む。
ボトムアップ型	・現場・部門から積上げ方式で策定していく手法。 ・各部門担当者の実感をベースに作成していくため計画に対する当事者意識が芽生えやすい。 ・一方で現実的な数値になる傾向が多く、積上げた結果の利益目線が事業計画から逆算される利益目標に合致しない（到達しない）可能性がある。 ・計画作成に必要な情報・スキルが不足している場合、計画への精度に疑義。

出所：YCG作成

スでは一部の役職員で作成したために、現場職員が予算の存在を認識していないこともあるようです。この状態では、目標達成に向けた協力を得ることは難しいでしょう。

　他方、ボトムアップは各部署からの積み上げで予算を編成する手法です。現場職員が自ら作成するので予算に対する当事者意識が芽生え、目標達成に向けた実現可能性を上げる効果が期待できます。

　しかし、経営的な観点から目標が設定されないことが多く、現実目線に留まるため、あるべき利益水準に届かないということになりかねません。そもそも経営情報を開示していなければ、現場が何をどれだけやればいいのかを決められない、という問題もあります。

　従って、いずれのアプローチも取り入れた折衷型の予算策定手法が有効です。病院全体の目標利益水準を定め、部門目標に細分化し、各部門と個別に目標数値をすり合わせ、合意を得ていく手法です。進め方の一

例を図表2で整理しています。

図表2　予算策定プロセス（一例）

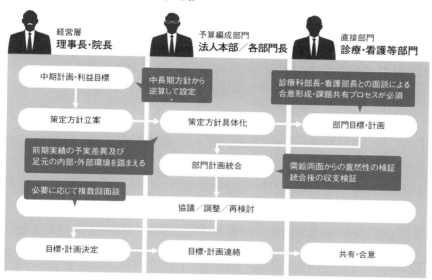

出所：YCG作成

2．予算策定の進め方のポイント

　病院においては、まずもって各診療科（または病棟）の医師と科別（病棟別）目標数値を設定します。理事長や院長をはじめとする経営幹部が、各診療科の部長と前年度実績やデータ分析を用いて課題認識を共有し、目標に向けた合意を獲得していくプロセスは極めて重要です。経営幹部は、対話を通じて現場で起きている課題・悩みについて共感しつつ、現場に対して、目標達成に向けた当事者意識の醸成をしていく機会となります。

　一方、診療部門側からみると、人員補強や医療機器の新規または更新

投資の必要性を伝える機会でもあり、現場側も大事な機会であると言えます。なお、各診療科との面談は、決して事務方だけに任せず、経営幹部も関与することが重要です。

　部門長との面談の際に用いるKPI（重要業績評価指標）はなるべくシンプルに、かつ、現場感覚のある指標を使用することがポイントです。経営目標は最終的には財務数値で表されますが、各診療科医師は必ずしも財務数値に明るいわけではありません。むしろ予算を達成するために自身や所属部署がどれだけ活動することが必要なのか、現場感覚が掴みやすい指標を用いることにしましょう。

　本節では詳細は割愛しますが、仮に達成状況が芳しくない場合において、現場感覚のある指標の方が、現場から対策等の意見を吸い上げやすくするためです。現場側としては見慣れた指標で「なにを」「どれだけ」達成することが必要なのか、経験上、難しいのかどうか、実現するためには人員補強が必要となるといった意見交換を通じて目標のすり合わせを行い、経営と現場の認識を合わせていくことが重要です。

3．目標設定と浸透の進め方

　なお、現場と対話する際の目標値をどう定めるかという点も重要です。「なぜ」、「なんのために」、「どれだけ」現場に負荷をかける必要があるのか明快に回答することができなければ予算に対して合意を得ることはできません。単に医業利益率を○％改善する、医業利益○百万円を目指すといった発信だけではおそらく理解を得ることは難しいでしょう。医療の質の維持・向上に向けた投資や人員増強、療養環境もしくは職場環境の改善等、患者や職員の満足度向上に繋がる原資の確保といったことと繋げて目標値を発信することが重要です。

　建替えを数年後に見据えている病院経営者においては、19（160ペー

ジ）で述べている通り、増加傾向にある設備投資額を賄うキャッシュフローを生み出せるかどうかが課題です。必要投資額を調達することができるよう財務体質の改善が必要である場合、中期目標として建替えを掲げることは効果的です。

10（91ページ）にて解説する通り、職場や療養環境の大きな改善に繋げることができる建替えの実現に向けた足元の財務体質の強化という短期目標に落とし込み、更に、現場感覚のある指標に変換し予算目標の対話を進めていきましょう。

図表3　目標設定の考え方（一例）

中期的な目標	・ 建物が老朽化しているため5年後をメドに建て替えをしたい。
目標実現に向けたターゲット	・ 50億円の資金調達ができるようにしたい。 多くは外部調達であり、従って、金融機関から借入ができるようにしたい。 ・ 50億円を25年で返済するための年間のキャッシュフローは2億円。
現在の業況	・ 年間のキャッシュフローは1.5億程度である。 ・ 既存の借入金が10億円残っている。
問題点	・ 5年後、既存の借入金が2.5億円残っているため新規の借入ができない。 ・ 建替えができない場合、療養・職場環境の改善ができず、集患・職員採用での見劣りなどの問題が生じる懸念。
短期的な目標	・ 年間のキャッシュフローを50百万円改善する必要がある。 ▶ 現場感覚のある指標へ変換

出所：YCG作成

4．人員計画作成時のポイント

　これまで、主に予算における収益計画を策定する検討過程のポイント

について解説しました。費用面に目を向けると、人員計画（人件費計画）も直接部門との対話を重ね、認識共有を図りながら検討すべきです。有資格者の採用環境は依然として厳しく、ともすると、採用できる機会があるときに採用を進めてしまう傾向があるためややもすると、人員計画に狂いが生じるようです。もちろん、様々なライフイベントによる突発的な退職というのは予見が難しいため、計画によらない人員補充はあってしかるべきでしょう。

　あるいは、診療報酬改定において施設基準が変更したことで体制整備を必要とするケース等もやむを得ない事情であると整理できます。しかしながら、不測の事態に備えるためだからと言って過剰に採用を進めてしまうことは回避すべきです。そのために、何かしらの目標水準を定めて人員計画を定めることが必要です。

　例えば、機能性指標（医療従事者1人当たり患者数（または検査件数、リハ件数等））や生産性指標（医療従事者1人当たり医業収益）を類似病院の同職種との比較分析を用い、当該指標から人員の目標数を定めるという手法があります。人員補充しても機能性指標が一定水準の範囲で維持されるならば予算へのマイナスの影響は防ぐことができます。

　保険医療は施設基準を遵守する必要がありますので、不測の事態に備えて人員体制に余裕をもたせたいという現場意向は理解できます。とは言え野放図に人員数が増えることは避ける必要があります。医療従事者1人当たりの機能性指標や生産性指標の目標水準について、経営と現場とで共通認識を持つ対話を重ねながら人員計画を定めることが重要です。

10　予算目標を現場に周知・浸透させるポイント

Q 予算目標を策定してもなかなか達成に向けた協力が得られず結果に結びつきません。現場に予算目標を周知し、浸透させるポイントを教えて下さい。

POINT 収支改善の活動協力を得るには、まず、現場職員の「理解」を得る必要があり、理解を促すためにいかなる数値を用いて発信をするかが重要である。

ただし、それだけでは十分とは言えず、「納得」してはじめて行動に繋がる。納得感を得るには改善活動の動機への理解が必須である。

医療従事者は固有の職業倫理に基づき職務に従事しているため、特に改善活動への動機づけには慎重になる必要がある。

A

1．設定した目標値を発信する際のポイント

筆者が医療従事者の方と改善活動について話す際、よく聞く話として、「なにを、どれだけ取り組めばいいのかわからないから行動に移せない」ということがあります。

一方、経営者は目標数値を掲げ発信していると主張します。なぜ、このような認識の違いが生まれるのでしょうか。よくあるケースは、目標数値が現場感覚に合っていない、ということがあります。

例えば、医業収益（入院診療収益や外来診療収益等）といった「財務数値」で数値目標を掲げる場合です。財務数値でないとして、診療単価

や病床稼働率（本節では「経営数値」とします）という指標を目標とし
て設定することもありますが、より、現場感覚に合った指標も設定する
ことが重要です（図表1）。

図表1　各職層における設定目標の落とし込みの際の留意点

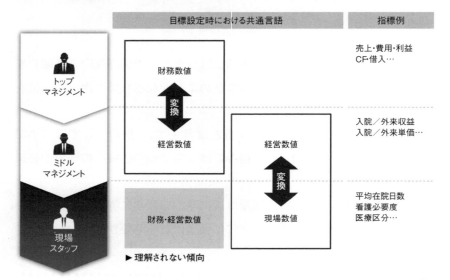

2．発信する数値の大きさと単位を使い分ける

　加えて、目標とする数値の「単位（固まり）」にも注意を払う必要が
あります。

　例えば、年間値または月間値で伝えても、単位（固まり）が大きすぎ
てイメージが湧かないことが多々あります。医療従事者に限りませんが、
「明日、なにを、どれだけ実施すればいいのか」という日々の行動レベ
ルにまで落とし込む必要があります。

　急性期の病棟看護師も現場にて記録管理している指標・帳票として、重症度医療看護必要度、療養病棟では医療区分等があります。加えて、病棟日誌には、当該日の新規入棟数、転棟患者数等を記録します。リハ部門であればリハビリの実施件数、管理栄養士であれば指導件数等。これらは一日単位で記録していきます。診療単価や病床稼働率といった経営数値は、日々の業務で記録する現場数値の集計値を変換した指標であり、現場感覚とは離れていきます。

　加えて、月間値ひいては年間値は日々の業務の累計であり、数十、数百ひいては数千というような単位になると、明日どれだけ取り組めばいいのか、という視点で捉えることができません。医療従事者は、何よりも患者に対して尽くすことが第一優先であり、ともすれば収支改善目標への活動は劣後されることがあります。日々の行動に加えてどれくらいの業務量を増やすことで目標に届くのか、といったイメージが想起できるようにすることが必要です。

　一方で、業務改善の成果は、金額に換算し、かつ、月間値や年間値として、そのインパクトを伝えることが効果的です。

　例えば、1日当たり入院診療単価40千円の病院において、入院患者が1人増えれば年間15百万円程度の収益増が見込める、という具合です。日々の行動の積み重ねが大きな成果に繋がることを理解することで、改善活動の財務的な意義を認識できます。

　加えて、職員が目に見する光景（患者が1人増えること）と財務数値をリンクさせることで、改善活動による追加的な現場負荷の程度と改善への貢献度が繋がり、実現可能性に向けた対話が可能となります。ゼロサムではなく「目標値の7割程度であれば実現できる」というような議論を重ねることで、改善活動に関する当事者意識の醸成も進み、実行可能性を高めるという副次的な効果も生まれます。

医療従事者は日々の診療等医療提供に追われ、財務的な改善活動に対しての意識は希薄になる傾向があります。図表2に示すように、日々の活動と改善効果を繋げて考えることで業務改善の意義を認識してもらうことがまずもって重要です。

図表2　改善活動における経営的視点と現場的視点の接続方法

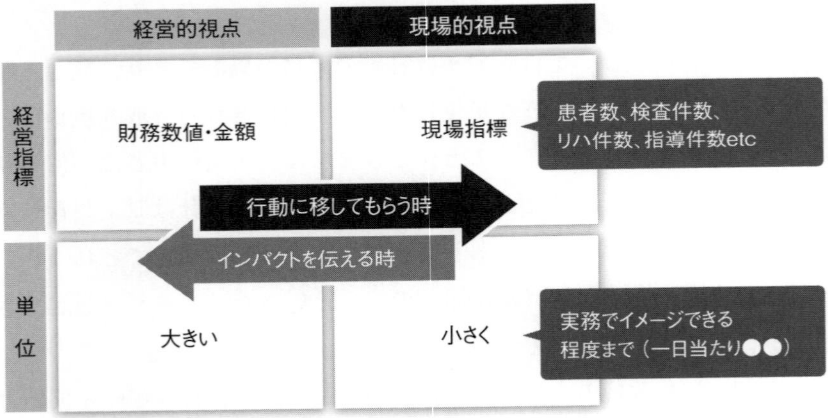

出所：YCG作成

3．改善活動に対して「納得」を得るには

　一点目として、何よりも、改善活動が患者のためになる、サービスの向上に繋がる、ということを共有することが必要です。過剰診療等は論外ですが、患者（顧客）の利益に反すると捉えられてしまうと、医療従事者に限ったことではありませんが改善活動に消極的になり、活動が停滞します。従って、まずは、現在の業務では、もしかしたら患者が医療サービスの受給の機会を逸している可能性がないかを検証することがポイントです。

　例えば、救急受入や紹介受入を合理的ではない理由で断ってしまうといったケースです。満床ではない状態にも関わらず、もしくは転棟により病床を活用できる余地があるにも関わらず、情報連携の不備により断ってしまうといった具合です。情報連携やルールを見直すことで迅速に患者を受け入れられたとするならば、断ることによって患者は速やかに治療を受ける機会を逸してしまうことになります。業務を見直すことが結果として患者利益の増大に繋がるという理解は、現場職員の納得を得るためには重要です。

　似たような機能を有する他の病院の現場数値と比較することも有効であることがあります。全く同じ病床規模・診療機能で比較するのは不可能ですが、医療機能がある程度同じで診療科構成が似ている病院であれば比較対象となり得ます。

　仮に比較対象病院の現場数値（ひいては経営数値や財務数値）の方が優れている場合、当院の業務のあり方には、何かしらの問題が潜んでいる可能性があると考えられます。比較対象が実在する類似病院での実績であるため、過剰診療といったネガティブな捉え方ではなく、前向きな姿勢で改善活動に取り組むきっかけとなります。

　二点目に、当然ではありますが、改善活動の結果が職員自身ないしは所属部署に還元されることを周知しましょう。一例としては、業績賞与やインセンティブ手当といった金銭面で報いる、目標管理制度を導入し評価に反映させる、部門職員の補強、医療機器・設備の更新等といった、処遇や勤務環境の改善に繋がる取り組みが挙げられます。

　また、図表3に示すように、長期目標として病院の建替えを掲げ、職場環境や療養環境の改善に向け、足元（短期目標）の収益改善への取り組みを促すことも目標を浸透させる進め方として有効です。

　これまで見てきたように、改善活動には現場職員の「理解」と「納

図表3　組織目標と個人（部門）目標の整合性

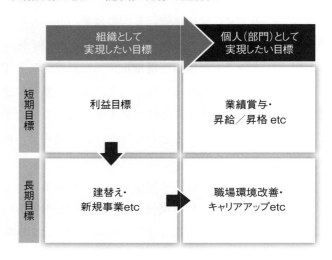

出所：YCG作成

得」が必要です。業務量をイメージしながら、患者対応に専念し、結果として目標値を達成できるような、繋がりを意識することが重要です。加えて、改善活動の結果が誰の、何のためになるのか、ということも合わせて共通認識を得ることが重要です。

11 病院におけるPDCAサイクルの基礎知識

Q 病院経営のKPI管理のポイントについて教えて下さい。

POINT KPI（Key Performance Indicator：重要業績評価指標）を正しく設定し管理することは、組織の目標達成において非常に重要である。KPI管理の際には、次の三点を意識することがポイントとなる。

1．PDCAサイクルの考え方を職員に浸透させること
2．KPIはシンプルかつ測定可能な項目を設定すること
3．設定したKPIに経営陣が関心を持つこと

A ••

1．PDCAサイクルを浸透させる

　KPIを正しく設定し管理する際、PDCAサイクルの考え方を職員に浸透させることが大切です。PDCAサイクル（PDCAとは「Plan（計画）」、「Do（実行）」、「Check（評価）」、「Action（改善）」の頭文字を取ったものです。）の考え方を身につけなければ、KPIが有効に機能しません。

　KPIとは重要業績評価指標と呼ばれ、最終的な目標の達成過程の状態を把握する指標です。例えば、病床稼働率の向上を目標とした場合のKPIは、「救急搬送からの入院患者数を増やすため救急搬送患者の受入れ割合を○％向上させる」、「地域の診療所からの紹介患者数を増やすため地域の医療機関向けの症例研究会の開催件数を○件とする」といった項目が挙げられます。

　他にも、チーム医療の推進を、「多職種が各々の高い専門性を発揮し、

医療提供できていること」、「互いに連携・保管し合い、医療提供できていること」と定義したと仮定します。これらの実現に向けたKPIとしては、「多職種カンファレンスの実施回数」、「服薬計画の医師への提案回数（薬剤師）」、「医師に対する患者の食事内容・形態の提案回数（管理栄養士）」等と設定できます。

　目標に向けて取り組むべき事項が客観的に進捗できているかを確認し、必要に応じて追加の対策を検討する為に、KPIを設定し、管理することは重要です。

　KPIはただ設定して終わりではなく、その後、PDCAサイクルを回していくことが重要です。設定したKPIを実現するためには、日々の業務管理や業務改善が必要となりますが、PDCAの考え方を取り入れることでKPIの達成に近づきます。設定したKPIを達成するべく業務を推進したところ、なぜKPIが実現できたのか（実現できなかったのか）を評価し、必要に応じて業務改善に繋げます。

　業務改善という観点からはこうしたPDCAの考え方は当たり前のように聞こえますが、業務を指示されることに慣れている職員は自発的な改善行動を起こす習慣が無く、PDCAサイクルを回せずに結果としてKPIの達成につながらないケースが多々あります。

　そのため、筆者が改善プロジェクトの実行を支援する際には、まずそもそもPDCAとは何かという勉強会をグループワーク形式で行うことがあります。勉強会では、計画を立てる意味や計画（特に行動計画）を立てる際のポイント（優先順位付けや目標の定量化）、評価の方法、またPDCAを回し続けるために個人やチームへのフィードバックの方法等を学びます。

　座学が終われば実践に移します（その際のポイントは以降で解説します）。KPI管理の１つ目のポイントとして、PDCAの考え方を組織に浸

透させることが挙げられます。

2．シンプルかつ測定可能な指標を設定する

　KPIをシンプルかつ測定可能な指標として設定することが2つ目のポイントです。達成したい目標をブレイクダウンすることでKPIが設定できます。KPIを達成するための具体的な行動目標は各現場に検討させるとしても、目指すべき目標や達成すべきKPIは経営者や経営陣が設定しましょう。KPIの設定（内容や数値）を間違えると目指すべき目標が実現できず、最悪の場合、経営が傾くおそれすらあります。

　そのため、まずは経営者や経営陣がコミットをしてKPIの設定を行うことが望ましいです。その際、このKPIを達成することで医療経営に与える影響をイメージしやすい、シンプルで分かりやすいKPIの設定が望ましいと言えます。

　KPIの運用に慣れてきたら、徐々に現場に示す目標を具体的な行動レベルから抽象化した目標に変えて、現場職員が抽象的な目標から具体的な行動を考えるトレーニングを行うと、より経営目線で考え行動する職員が増えるでしょう。

　また、KPIは特定の個人が目指すものではなく、組織やチームとして目指す指標です。目標設定が各人でぶれていたら意味がありませんので、認識の離齬が生まれないように誰もが測定しやすい指標が望ましいと言えます。

　例えば、「患者数」は明確な数値で表現しやすいですが、患者満足度の様に、様々な解釈が生まれるおそれがある指標を使う場合には注意が必要です。患者満足度の経年変化、部門間で比較する等、運用方法を工夫する必要があります。

　また、よくある失敗例として、KPIを複数設定しすぎて、何を優先し

ていいか職員が混乱するケースがあります。一つ一つのKPIはシンプル
であっても、複数の指標を設定すれば運用が複雑化するので注意が必要
です。

　KPIの進捗を管理するためには定量的に評価できる指標であることが
望ましいと言えます。定量評価を行う際に注意すべき点として、データ
収集の可否について確認しましょう。病棟別やチーム単位で目標を定め
るケースもありますが、その際、各管理単位でデータを収集できるかが
大切です。

　よくある失敗例として、病棟やチーム等の管理単位で目標数値を定め
たものの、病棟やチーム単位でのデータ集計がシステム上なされておら
ず、KPI管理が頓挫することがあります。

３．設定したKPIに経営陣が関心を持つ

　設定したKPIの管理方法に関する論点が、３つ目のポイントです。適
切にKPIを設定したとしても、KPIの達成状況が経営陣や上司に見られ
ているという意識を職員が持たなければ、KPI達成に対する職員の関心
は薄れてしまいます。また、KPIの達成状況を人事考課に反映するとい
った工夫も必要でしょう。前者は当たり前の論点の様に見えますが、
KPIを設定した後、経営者や経営陣がKPIの管理を放置してしまってい
るケースが散見されます。背景には、各分野（診療科）の専門性が高く、
誰も医師に対して意見を言うことができないという問題があります。異
なる専門領域であっても、経営陣や経営管理部は各部署の専門領域に対
する理解を深めるべく、丁寧なコミュニケーションを重ねることが大切
です。

　経営会議等で経営者や経営陣がKPIの達成状況をモニタリングする、
会議で時間を確保することが難しければメールや社内SNS等でKPIの進

捗状況の確認を行うことは重要です。職員にとって、KPIの達成状況が経営者や経営陣に見られていると認識するだけで、KPI達成に向けた職員の本気度が変わります。

　モニタリングの頻度としては最低でも月に1回は行いましょう。行動を評価し見直しを検討するタイミングは3カ月毎でも良いですが、そもそも行動に取り掛かっているか、進む方向が大きく間違っていないかは1カ月単位、場合によっては週単位で確認が必要です。筆者が支援するプロジェクトでは、月に2回、アクションプランに基づきKPIの進捗を院長と確認し、院内プロジェクトを進めている事例があります。この頻度でKPI管理を行うと、遅れや方向性のズレに素早く気づくことができ、改善プロジェクトが頓挫するといったことはありません。

　設定したKPIに基づくPDCAサイクルの運営に慣れてきたら、KPIの達成状況を人事考課に反映させることを検討してもいいかもしれません。これらの運用に慣れてくると、真剣に取り組んで経営にコミットする職員と、手を抜いてしまう職員とが出てきます。評価の不平等感をなくして経営にコミットする職員に還元するべく、人事考課に反映させます。

　また、ルーティンで行うKPIに基づくPDCAサイクルの運用は、管理する側・される側共に相応の工数を要します。新しいテーマの改善目標が設定されるたびにKPIが増えてしまっては、前述の通り管理不能に陥りかねません。1〜2年運用して、対象とするKPIの管理に現場が慣れたところで、人事考課に反映する仕組みを作って機械的に管理し、その後は新しい経営目標とともにKPIを設定していくことが望ましいと言えます。

経営管理編チェックシート

☐ 病院の損益構造を理解するためには入院基本料の施設基準との関係性を押さえる必要がある。

☐ 予算策定においては３つのポイントを押さえる必要がある。
① いかに直接部門を巻き込み、認識の共有を図ることができるかどうか。特に、診療部門および看護部門の協力が必須となる。
② 目標設定の考え方は職員、患者の目線に立ったものであるかどうか。
③ 現場感覚に合った指標を用いて現場部門と対話を進めているかどうか。

☐ 収支改善の活動協力を得るには、まず、現場職員の「理解」を得る必要があり、理解を促すためにいかなる数値を用いて発信をするかが重要である。ただし、それだけでは十分とは言えず、「納得」してはじめて行動に繋がる。納得感を得るには改善活動の動機への理解が必須である。

☐ KPI（Key Performance Indicator：重要業績評価指標）を正しく設定し管理することは、組織の目標達成において非常に重要である。KPI管理の際には、次の三点を意識することがポイントとなる。
１．PDCAサイクルの考え方を職員に浸透させること
２．KPIはシンプルかつ測定可能な項目を設定すること
３．設定したKPIに経営陣が関心を持つこと

第**4**章

経営戦略編

Q 病院経営は厳しい状況が続いていると言われています。その要因について教えて下さい。

POINT 病院の利益率は2010年以降低下傾向にあり、特に、一般病院の利益率は低水準で推移している。要因としては、人件費比率の上昇があり、職員数、給与単価いずれの側面においても病院経営を圧迫している。

近年においては、建替え等の大規模投資により経営が悪化するといったケースも生じている。

A ・・

1．病院経営の業況

まずは、業況の動向について触れます。図表1は一般病院と療養型病院の医業利益率の年次推移を示しています。これを見ると、2010年以降、医業利益率は低下傾向であり、特に一般病院の利益率が低迷しています。2016年度以降は若干改善していますが、それでも1.8％に留まっています。中小企業白書によると中小企業の平均営業利益率は3％であることから、病院経営は厳しい状況が続いています。

利益率が低下した要因について見ていきましょう。図表2は収益性を表す一床当たりの医業収益と、人件費比率の推移を示しています。一般病院、療養型病院いずれも収益性は上昇傾向にありますが、人件費比率も同様に上昇傾向にあります。言い換えると、収益性以上に人件費が増加し、コストパフォーマンスが悪化していることを意味しています。

図表 1　一般病院・療養型病院の医業利益率の年次推移

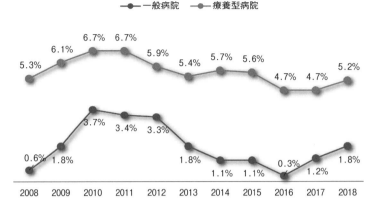

注：一般病院とは全病床に占める一般病床の割合が50％超の病院
　　療養型病院とは全病床に占める療養病床の割合が50％超の病院

出所：独立行政法人福祉医療機構のデータを基にYCG作成

　図表 3 は、患者100人に対する常勤医師、常勤看護要員（看護師、准看護師、看護補助者の合計）職員数の推移を示しています。これをみると、どちらの病院類型でも増加傾向にあります。一般病院の方が増加率は高いようです。なお、図表を引用した福祉医療機構の別のレポートによると、従事者 1 人当たりの人件費は2016年度から2018年度にかけて 5 ％増加しているようであり、数量面（職員数）、単価面（給与単価）いずれも人件費比率の上昇要因になっています。

2．利益率低下の外的要因──ソフト面における費用対効果の悪化

　職員が増えている要因としては何が考えられるでしょうか。医療の質を充実させるためや、職員負担の軽減を図るためといった療養環境や職

図表2 一床当たり医業収益と人件費比率の年次推移

一般病院
（千円）

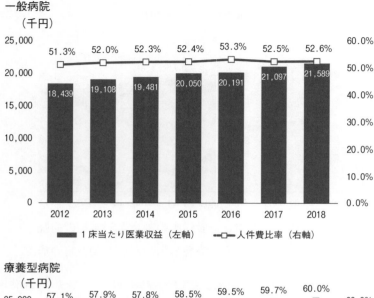

療養型病院
（千円）

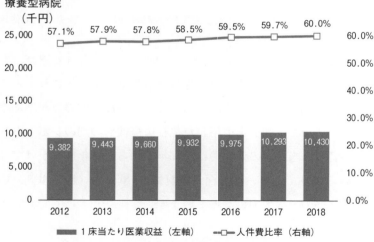

出所：独立行政法人福祉医療機構のデータを基にYCG作成

場環境の改善を目的とした人員増という側面が考えられます。おそらく、

106

図表3　常勤医師・常勤看護要員の患者規模に対する人数比の推移

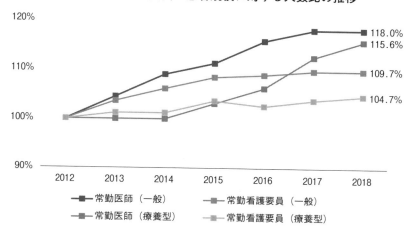

出所：独立行政法人福祉医療機構のデータを基にYCG作成

　それらの要因も指摘できるでしょう。しかし、主要因としては診療報酬
制度とその改定が影響していると見られます。

　診療報酬制度は3（24ページ）で解説した通り、人員配置に応じた点
数（単価）設定がなされています。人員配置を手厚くすることはより多
くの医療資源を投下している、つまりより多くの原価（コスト）を費や
しているため、かかるコストを回収するという観点から相応の点数設定
がなされています。

　すなわち、職員数を増やすことで高い単価を請求することができるた
め、病院経営としては職員増を図ろうとします。ただし、病床稼働が下
がる、あるいは低いケースなど、職員増に見合う収益増が見込めない場
合はコストパフォーマンスが低下します。

　また、先に触れた通り、より多くの人員配置により医療提供の質の向
上が期待されます。加えて、職員負担の軽減にも寄与するということも

相まって、職員を補強・採用している側面があります。特に一般病院においてこの傾向が顕著です。

　ただし、診療報酬制度で評価されていない人員配置を行う場合、収益増加に直結しません。やはりコストパフォーマンスの悪化が懸念されます。

　以上の理由により、図表2で見た通り、収益性は改善傾向にあり、一定の成果は得られているものの、人件費比率が収益性以上に上昇していることから費用対効果は十分であるとは言えず、結果として利益率の低下に繋がったものと考えられます。

3．近年における病院経営の悪化要因——ハード面における費用対効果の悪化

　近年、筆者が病院の経営課題に関して受ける相談のうち、施設の老朽化に伴う建替えの基本構想検討に関する件数が増加しています。施設老朽化への対応のため数年以内に建替えや大規模増改築を要する病院が一定数存在するようです。

　建替えは数十年に一度の経営イベントです。患者にとっては療養環境の改善、職員においては職場環境の改善に繋がることが期待されるため、経営者は建替に強い思いを持っています。

　また、建替えは、新規投資とは異なり、施設老朽化により既存の事業活動に支障が生じることに対応するための、いわば事業活動の維持に不可欠の経営イベントです。事業活動を継続していればいずれは必ず建替え等の大規模投資が必要です。

　しかし、近年においては建替えにより業況が悪化するケースが増加しています。更には、建替えすること自体が困難で病院経営の存続が危ぶまれるケースも発生しています。

　理由はいくつかありますが、本節では外部要因として指摘される建築単価の上昇と病院経営における制度的要因について触れます。

　図表4は病院建設費の単価動向を示しています。2011年度以降、建築単価は一貫して上昇傾向にあり、2019年度は2011年度に比べて約9割増です。

図表4　病院建設費の年次推移

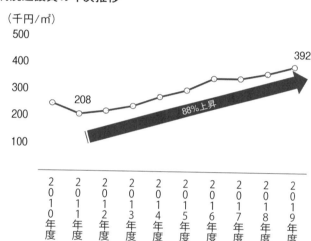

出所：独立行政法人福祉医療機構のデータを基にYCG作成

　建設業界における人件費や資材の高騰に伴う建築単価の上昇は病院建設に限ったことではありません。しかし、病院経営は、固有の制度的要因によって他業界に比べて検討が難しくなる事情があります。診療報酬制度により価格が公定されているため、コスト上昇分を消費者（患者）に転嫁させることが個々の病院経営レベルでは不可能であるという点です。病院の運営主体が追加的なコストを負担せざるを得ません。

　ところで、病院経営の業況は先に触れた通りであり、追加的なコスト

を負担できる財務状況にはありません。以上から、病院経営において、建替えは財務的に大きな課題を抱えています。

　図表5は地域経済活性化支援機構（REVIC）という事業再生等を行う組織の、病院に対する再生支援に関する窮境原因の分類別件数です。過剰投資が最も多く、代表例としては「過剰な機能の病院建設」や「既存借入弁済前の病院建て替え」が指摘されています。建て替えを機に医療機能の充実を図りたいといった経営者の強い思いが優先され、地域の需給状況の将来性や自院のポジショニングの見直しを検討せずに建て替えた結果、投資環境の悪化という外部要因もあいまって経営危機に陥ってしまった可能性が考えられます。

図表5　地域経済活性化支援機構の支援案件

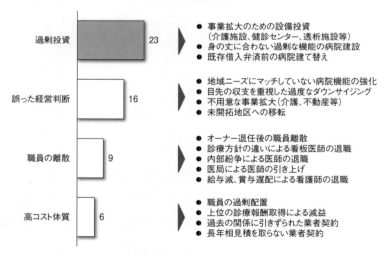

出所：内閣府「未来投資会議産官協議会次世代ヘルスケア会合第三回資料」
のデータを基にYCG作成

　新規事業の投資であれば事案によっては先送りという経営判断もあり

得るでしょう。しかし、中核事業である既存病院の継続に向けた建て替え検討は時間的猶予が限られています。耐震化への対応といった制度的要請への対応も必要ですが、それにも増して、施設老朽化は集患および職員確保といった事業活動に影響を及ぼすためです。老朽化の影響により収支が悪化することで財務的に更に検討が難しくなる、という悪循環に陥り、自力での建て替え、病院運営を断念するケースに至ることも最近では見られます。

　投資環境の動向は不透明であり、今後、建築単価が以前の水準に戻るかどうかはわかりません。建替えには慎重かつダウンサイジング等を含め聖域を設けずに検討する姿勢が必要です。

　以上、病院経営が悪化する要因について見てきました。病院経営は厳しい状況が続いています。「ヒト」というソフト面、建物というハード面のいずれにおいてもコストパフォーマンスが悪化する外部要因が存在しているためです。外部環境に対応しつつ、安定的な財務体質を構築し、維持し続けるため、今後の病院経営はより一層難しいかじ取りが求められます。**16**（142ページ）で触れている通り、病院の規模や機能の見直しを含めた多面的な戦略検討が必要です。

Q 介護事業経営は厳しいと言われています。その要因について教えて下さい。

POINT 介護事業は病院に比べると一見して利益率が高い。しかし、倒産件数は上昇傾向にあり、景況感としては厳しいのが実情である。理由としては小規模事業者が圧倒的に多く、そして、規模が小さい事業者ほど利益率が低い傾向にあるためである。加えて給与水準も事業規模と連動していると見られ、小規模な介護事業者は構造的に苦境に陥っている。

A ••

1．介護サービス事業者の景況感

前節では、病院経営の厳しい現状について触れました。本節では介護サービス事業者における近年の業況を解説します。

結論としては、病院経営と同様、あるいはそれ以上に厳しい状況と言えるかもしれません。図表1は医療機関および老人福祉事業者（本節における介護事業者）の倒産件数の推移です。老人福祉事業者は2011年以降増加傾向にあり、2019年には最も倒産件数が多くなっています。一方、病院・診療所は直近年こそ増加していますが、一定の範囲内に留まっています。介護事業者の方が厳しい模様です。

介護事業者の経営不振の理由は何でしょうか。保険収入に依存する割合が多く、報酬改定の影響を受けるという点では医療機関と同じ要因が考えられます。ただ、介護事業者には病院と異なる理由で業況が悪くな

っている点も見受けられます。更に言うと、業況が低迷する構造的要因が指摘できます。本節では、それらの要因について解説します。

図表1　医療機関及び老人福祉事業者の倒産件数推移

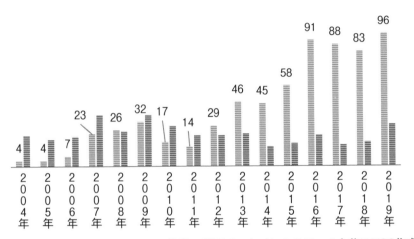

出所：帝国データバンクのデータを基にYCG作成

　介護サービスには様々な種類がありますが、本節では訪問系、通所系、施設・居住系の3つに分類して解説します。そして、これら3つの主要サービスのうち代表的なサービスである訪問介護、通所介護および介護老人福祉施設（特別養護老人ホーム）について取り上げます。

2．介護事業における利益低下要因

　図表2は3年に1度実施されている介護事業経営実態調査の抜粋です。これをみると、本節で対象とした介護サービスのいずれも、直近年度に

おいて大幅に利益率が低下しています。特に介護老人福祉施設は顕著であり、一般病院と同様、中小企業の平均利益率を下回っています。

図表2　訪問介護・通所介護・介護老人福祉施設の利益率と人件費比率の動向

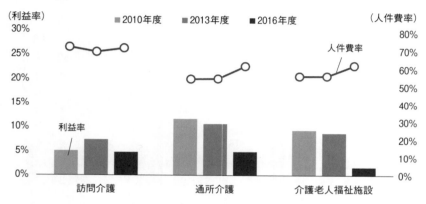

出所：厚生労働省のデータを基にYCG作成

　理由は人件費率が上昇しているためです。いずれのサービスも直近年度において高くなっています。3つのサービスにおける常勤介護職員の1人当たり給与費を示している図表3も併せて見ると、給与水準が上がっていることがわかります。調査対象期間において売上が大きく減少しているわけではないため、人件費コストの上昇が利益率の低下要因であると言えます。この点については病院経営と同じ現象と言えるでしょう。

　ただ、病院と異なるのは、介護業界は、業界全体として給与水準が他業界に比べて低く、人材を確保するためには他業界との獲得競争において勝る必要があります。日本における人材不足は各種報道の通りであり、特に介護業界においては顕著です。厚生労働省は給与水準の向上の実現に向けて制度設計しています。しかし、依然として個々の介護事業者の

114

経営努力に委ねられている点が大きく、人材の調達コスト等を含めた人件費周りの費用上昇が利益低下要因となっています。

図表3　訪問介護・通所介護・介護老人福祉施設の介護職員給与の動向

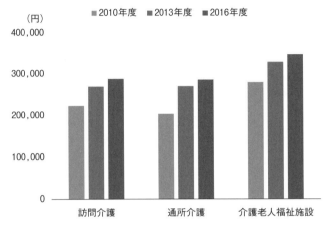

出所：厚生労働省のデータを基にYCG作成

3．事業規模ごとの業況──通所介護を事例に

　前項では3つの主要サービスの利益水準について触れました。これをみると、利益率は低下していますが、全産業の平均値や病院に比べると訪問介護や通所介護はまだ利益率は高いという見方もあるかもしれません。しかし、業界関係者の景況感は異なります。更に言うと、仮に利益率が高い事業であれば倒産件数が増加するといった事態は生じないと考えられます。なぜこのようなことが起きるのでしょうか。

　図表4は倒産件数の内訳を示しています。訪問介護や通所介護が上位を占め、この2つの事業が倒産件数の大半を構成しています。

図表4　倒産件数の内訳

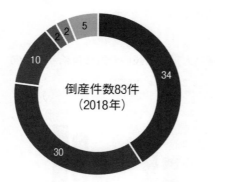

倒産件数83件
（2018年）

■ 訪問介護

■ 通所介護

■ 老人ホーム

■ サービス付き高齢者向け住宅

■ グループホーム

■ 詳細不明

（注）：2019年のデータは内訳が公表されていないため2018年の数値
　　　主力事業の詳細確認ができなかった5件含む

出所：帝国データバンクのデータを基にYCG作成

　介護事業者の経営が厳しい理由は、訪問介護や通所介護をはじめとする多くの介護サービスは、事業（所の）規模が小さいためです。調査結果に基づくと事業規模と経営状況は連動しています。

　つまり、事業規模が小さくなるにつれて、経営状況が悪化する傾向を示しています。そして、大半の介護事業者の事業規模は小さいため、業界平均の利益率は高いように見える一方、倒産件数が増加するといった現象が起きると考えられます。以下、通所介護を例にしてみていきましょう。

　図表5は通所介護の利用階級別の利益率と人件費比率を示した図です。

　利用階級は事業規模を表しています。事業規模が大きくなるほど利益率は高くなっています。反面、事業規模が小さくなるにつれて利益率は低下し、450人を下回るとマイナスに転じます。

　なお、通所介護の平均利益率約5％を下回っている事業規模は利用階

図表5　通所介護の利用階級別の利益率と人件費比率

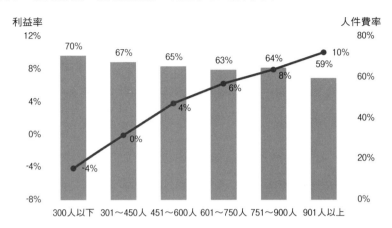

出所：厚生労働省のデータを基にYCG作成

級600人以下の事業所であり、厚生労働省の別の統計によると、600人以下の事業所数は全事業所の7割を超えます。

　つまり、大半の事業所は業界平均的な利益率以下の水準に該当するということを意味しています。なお、赤字に転じている450人以下の事業所数はおよそ全体の3割から4割程度と見られます。

　本節の冒頭で、一定の利益水準であるにも関わらず介護事業者の景況感は厳しいと伝えました。その理由は、利益率が低いとされる規模の小さい事業者が多数を占めているためであり、統計データと事業者の実感にギャップが生じる要因になっています。

　図表5に戻ると、人件費率は事業規模が大きくなるに従い低下しています。介護事業は病院以上に経営資源に占めるヒトの割合が高いため、人件費をいかに管理するかが重要です。事業規模が大きくなると人件費が下がるという傾向は、人件費管理において重要な着眼点であると言え

ます。

　なぜ、事業規模に応じて人件費率が変動するのでしょうか。規模の大きい事業者の方がより経営努力をしているといった指摘もあり得るかもしれません。人件費管理をしっかりしているという側面もあるでしょう。もしかすると人件費の水準を抑えているかもしれません。

　ところで、図表6は事業規模別の常勤介護職員の給与費です。これをみると規模が大きくなるほど職員に対して高い給与を払っていることがわかります。図表5では人件費率が規模に応じて低下することを指摘したところであるので、矛盾しているような見え方もあるかもしれません。

図表6　通所介護の事業規模別常勤介護職員の給与費

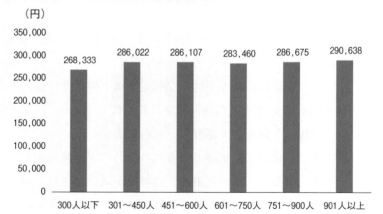

出所：厚生労働省のデータを基にYCG作成

4．介護業界特有の構造的課題とは

　これらのデータから何が読み取れるでしょうか。通所介護のデータのみであるので一般化はできませんが、介護事業の経営を安定的に行うためには一定程度の事業規模を有する必要がある、ということを意味して

　います。当然、事業規模が大きいだけで成功が約束されるわけではありません。しかし、規模が大きい事業者の方が、経営状態が良好であるという指摘は極めて重要です。

　再び倒産件数のデータに戻ると、介護サービス事業者の倒産の理由は販売不振が最も多いようです。他方、介護サービスは原則65歳以上の要介護認定を受けた高齢者に対して行うサービスであり、多くの地域では、高齢者人口は増加しているため、需要はまだ増加傾向にあるはずです。

　販売不振の理由は様々あると考えられますが、一つの理由としては、サービスを提供したくともできない実情があることが考えられます。介護サービスは、保険サービスとして提供する場合は所定の職種、人員数を充足させる必要があるため、仮に人材が不足している場合は、利用者がいたとしても保険サービスとして介護サービスを提供することができません。

　競争環境といった外部要因やマーケティングの不備等の内部要因も販売不振の原因となります。しかし、介護業界においては、必要な人材を採用できないことによる影響が大きいのではないかと考えられます。事業規模の小さい事業者は、採用に足りる給与水準を払うことができず、採用競争において他の大規模な介護事業者や、更に言うと他業界のプレイヤーと比較して劣るためです。

　人材不足という問題は介護業界において一層深刻となりつつあります。帝国データバンクの調査によると、介護業界は人手不足を理由とする倒産件数が3番目に多いとされているようです。

　図表7は、公益財団法人介護労働安定センターが実施した2018年度介護労働実態調査の介護職員の人材過不足に関する調査結果です。これをみると、およそ7割の事業所が人材不足で悩んでいます。先に触れた通所介護の規模別分析において、およそ7割の事業所が平均利益率以下の

事業規模でした。おそらく、人材不足に悩んでいる大半の介護事業者は規模が小さいことが推測されます。

　介護業界は「ヒト」が極めて重要な経営資源です。介護業界は事業者の規模が小さいという構造的な特徴（問題）のために難しい経営を強いられていることが考えられます。

図表7　介護職員の過不足状況

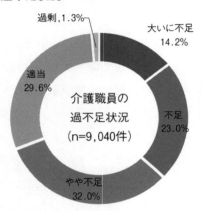

出所：公益財団法人介護労働安定センター「2018年度介護労働実態調査」の
データを基にYCG作成

　外国人人材の採用による人員確保や介護ロボット導入による省力化に向けた取り組み等諸施策が議論され導入されています。しかし、業界の人材不足を解消するための抜本的な解決策となるかどうかはまだ道半ばです。

　人口減少社会の到来により日本における事業活動の共通課題となりつつある人材確保は、こと介護事業経営においては、構造的に難しい問題です。事業活動を安定的に継続するために必要な要素や条件を理解し、

日々の事業活動に反映させる取り組みが必要です。

Q 病院の事業性評価を行う際の分析手法と分析項目について教えて下さい。

POINT
病院の事業性評価を行う際のフレームワークとして3C分析に協力者（Co-Operator）を加えた4C分析が有効である。これらの分析から、対象病院が現在持っている事業の優位性は何であり、将来にわたって維持ができるのか、事業改善のポイント（金融機関から見た場合の支援のポイント）の有無について整理する。

なお、上記分析をベースに、クロスSWOT分析を行い戦略の検討（検証）に利用する、PEST分析による将来の環境変化を念頭に置いた外部環境分析、VRIO分析による自社のリソース分析を行う場合もある。

A

1. 事業性評価の考え方と分析アプローチとは

事業性評価とは、金融機関が従来の財務分析や担保評価では難しかった融資可能性を見つけ評価し、更には本業支援に活用することが目的とされています。金融機関にとっては新たな融資機会（ビジネスチャンス）の創出、病院にとってみれば資金調達の可能性を広げ、更には収益力向上につながる提案を受けられるチャンスです。事業性評価と言っても特殊な分析を行うのではなく、一般的な経営分析に基づき行われます。

しかし、金融機関の担当者に理解を得られる分析を行う必要がある点に病院関係者は注意する必要があります。

　分析項目としては３Ｃのフレームワークに協力者（Co-Operator）を加えた４Ｃが初期段階の分析アプローチとして有効です。本節では、金融機関等、病院外部の関係者が病院を分析する際のポイントについて解説します。

2．ケアデリバリーバリューチェーン分析とベンチマーキングによる自社分析について

　自社（Company）分析では、ケアデリバリーバリューチェーン分析とベンチマーキングを行います。

　ポーター＆テイスバーグ（2006）は、医療提携におけるケアデリバリーバリューチェーン（Care delivery value chain）を「ある病態を持つ患者にケア・サイクルを通して診療する場合の各種業務を表すもので、バリューチェーンの始まりは特定の病態を特定する診断に始まり、次に治療行為の準備、治療行為である介入、次に回復のためのリハビリテーション、そして最後にモニタリングと管理で終了する。このバリューチェーンは、患者への医療提供プロセスの向上・修正に役立つ。そしてこれらのケア・サイクルにおいて各段階において反復することも多い。」と述べています。ケアデリバリーバリューチェーンを図表にしたものは次の通りです。

　この考え方を参考に、健康診断を通じた疾患の早期発見（結果として集患につなげる）、急性期治療のサービス提供領域、回復期/リハビリ期における入院・外来治療、在宅復帰後の支援や慢性期治療等、対象病院がどのステージで患者にサービス提供ができるのか、できない場合には地域の他の医療機関や介護施設等とどのように機能補完を行っているのかを検証します。検証には、どの医療サービスが評価されて集患に繋げているのかを確認するため、一連の患者の流れを分析して、医師や看護

ケアデリバリーバリューチェーン（Care delivery value chain）						
ノウハウの開発	（診断実績の評価と追跡、スタッフ／医師の研修、技術開発、診療プロセスの改善）					
情報提供	（患者教育、患者へのカウンセリング、治療に先立つプログラム、患者のコンプライアンスに関するカウンセリング）					
患者評価	（検査、画像診断、カルテ管理）					
アクセス	（外来受診、検査受診、入院加療、患者の搬送、訪問看護、遠隔診療）					
モニタリング／予防	診　断	準　備	介　入	回復／リハビリ	モニタリング／管理	医療提供者の利益
・病歴 ・検診 ・リスク因子の特定 ・予防プログラム	・病歴 ・検査項目の特定と準備 ・データの解析 ・専門家との相談 ・治療計画の決定	・チームの選択 ・介入前の準備 ・検査前 ・検査後	・投薬の指示、実施 ・処置の実施 ・カウンセリングセラピーの実施	・入院患者の回復 ・入院患者と外来患者のリハビリ ・治療の微調整 ・退院計画の作成	・患者の病態モニタリング・管理 ・治療へのコンプライアンスのモニタリング ・生活習慣改善のモニタリング	

出所：　独立行政法人福祉医療機構「戦略的医療経営について（第4回：競争戦略から協調戦略へ地域医療連携の推進を考える）」のデータを基にYCG作成

師等の職員にインタビューを行います。なお、地域連携室が、対象病院と地域の医療機関や介護施設との情報の窓口となっていることが多いため、地域連携室へのインタビューが医療サービスの評価には有効です。

　ベンチマーク分析は、厚生労働省や業界団体等から公表されているデータを利用するとよいでしょう。病院の開設者、病院種類、病床規模別に費用比率や病床稼働率、日当点（患者一人一日当たり収益）が掲載されており、病院の特徴や課題を大まかに特定することができます。また、給与水準のベンチマーク比較や、人員配置基準と比較した人員数の充足状況の分析も可能です。他にも診療科別の統計データ等を使えば、大まかに医師のパフォーマンスを分析することもできます。ベンチマークと比べて優れている点は対象病院が優位性を持っていると考えられ、逆にベンチマークと比べて劣っている点は課題（改善余地）である可能性があります。

２．診療特性や診療モデルに応じた診療圏調査と将来予測による顧客分析について

　診療圏（Customer）調査では、地域特性や診療モデルに応じた診療圏の理解が必要です。医療政策を考える際には、二次医療圏（健康増進・疾病予防から入院治療まで一般的な保健医療を提供する区域で、一般に複数の市区町村で構成されています。例えば、埼玉県の南部医療圏は川口市、蕨市、戸田市の３市から構成されています。）単位で考えられることが多いものの、例えば東京23区の様に二次医療圏が狭く、公共交通機関が発達しているような地域では、二次医療圏と各医療機関の診療圏とではずれが生じます。一方で、二次医療圏内に医療機関が数えるほどしかないような地域では、二次医療圏と各医療機関の診療圏は概ね一致する傾向にあります。

　なお、入院患者の入院経路として、救急搬送中心か紹介患者中心かによっても診療圏は変わります。救急搬送中心の病院の場合には、相対的に診療圏は狭くなりますが、紹介患者中心であれば、遠方から患者が集まることが多くあります。

　診療圏の理解とともに、患者にとってのアクセスの良し悪しも見るべきポイントとなります。例えば、精神科系の病院であれば、都市部よりも郊外の静かな療養環境をイメージされがちですが、メンタルヘルスや児童・思春期を対象とする場合には、住宅密集エリアに近く公共交通機関での通院が便利な場所が望まれます。自家用車の運転が難しくなるような高齢者をターゲットとする場合、やはり、公共交通機関の利便性が重要です。公共交通機関の利便性が低い地域であれば、在宅医療サービスの展開や地域の社会福祉協議会と連携した移送サービスの展開等を考える必要があります。

　更には、将来を見据えて、診療圏の人口動態を把握しておく必要があ

ります。各疾患の受療率（調査日時点に入院や通院、あるいは往診を受けた患者数の人口比）と地域の将来の人口動態予測を掛け合わせることで、各地域の需要予測を行うことが可能です。対象の病院が提供する診療内容やその特性を見極めて、将来需要を予測しましょう。

3. 地域における競合・協力者を把握する

　競合（Competitor）分析と協力者（Co-Operator）分析は同時に行うと良いでしょう。自院のケアデリバリーバリューチェーン上におけるポジションによって、近隣の医療機関等は競合にも協力者（連携先）にもなります。まず、地域内にどのような医療（介護）資源があるのかという観点で分析をします。ケアデリバリーバリューチェーンの視点を持った上で地域資源を見ると、対象病院と機能が競合する医療機関や、前方後方連携先の医療機関や介護施設等が地域にどの程度存在しているかも分かります。

　例えば、急性期治療を終えた患者を受け入れるベッドが地域内に不足している場合、急性期病院から退院先を見つけることに苦労して平均在院日数が長期化し、結果として、入院単価の減少や収益性の低下につながるおそれがあります。各都道府県が公表している病床機能報告の結果を確認すると、各医療機関の患者数や手術件数等、病院の特徴を把握できる情報が得られます。

　また、厚生労働省が公表しているDPC導入の影響評価に関する調査から、DPC（急性期入院医療を対象とする診断群分類に基づく1日当たり包括払い制度）導入病院のMDC（主要診断群分類）別疾患件数の集計結果等を確認でき、疾患別のシェア等の情報を確認できます。これらの情報から自院と機能が重複し競合している医療機関、連携先医療機関がどこにどの程度あるのか、それぞれ（診療科や機能等）どこがどの程度のシェアを獲得できるかから、自院のポジショニングを整理します。

４．優位性の持続可能性を確認する

　以上で説明した４Ｃ分析を用いて、対象病院の優位性の有無や戦略の方向性について検証します。仮に十分な優位性を構築できていないと判断される場合、地域の需要動向や競合・連携医療機関等の動向を踏まえて、当院の医療機能や診療科構成、診療規模の見直しを検討する必要があります。一方、優位性が確認できた場合には、将来にわたって対象病院の優位性が維持できるかを確認します。その際の論点としては、競合の動向と事業承継の論点を抑えましょう。

　競合の動向として、病院の新設は総量規制の観点から考えにくいですが、近年活発に行われているＭ＆Ａにより、従来の連携先が大手グループに加わり紹介が無くなる（大手グループ内の医療機関で患者紹介が完結する）、競合病院が駅前にサテライトクリニックを出店して患者の流れが変わるといったことに注意が必要です。また、有料老人ホーム等の介護施設が増えると、施設でのケアにより入院患者数そのものが減少する可能性があります。その他、血液や尿によるがん検査技術の発達や、ＡＩによる問診や画像診断の実用化が進むことで、従来は強みをもたらしていた経営資源が優位性を失う可能性もあります。新規参入が簡単な業界ではないものの、同業・異業種含めた競合他社の動きには注意が必要です。

　また、病院は事業の優位性の源泉が「医師」であるケースが多くあります。特に、急性期系の病院は、強みを特定の医師に依存する傾向が強くなります。近年、多くの病院で経営者の高齢化に伴い、事業承継が問題となっています。病院の優位性が特定の医師に依存している場合、事業の継続性について、後継となる医師が院内にいるか、医師を採用する力（医局との関係性や医師が集まる魅力的な職場環境を作ることができているか等）を確認しておく必要があります。

15 収支改善に向けた病院の課題分析の進め方

Q 収支改善に向けた課題分析を進めています。分析の進め方と着眼点について教えて下さい。

POINT
課題分析には定量面と定性面のアプローチがあり、課題特定の精度を上げるために両方を用いる。課題は、改善目標を設定するために、必ず定量化して把握することが重要である。

課題把握にはギャップ分析が用いられることが多く、病院においてはベンチマーク分析が有効である。正しく用いることで、改善に向けた現場職員への動機付けを促すことが期待できる。ただし、ベンチマークとする対象および分析結果の解釈には留意する点がある。

A ●●

1. 課題の分析手法について

本節は、収支改善を目的とする課題分析の進め方について解説します。なお、関連するテーマとして事業性評価があります。前節も併せてご覧下さい。

病院に限らず、課題を把握する方法として大きく二つあります。定量分析と定性分析です。分析手法の説明が本節のテーマではないので簡単に触れると、定量分析は数値を用いて事業活動を客観的に把握、評価する手法です。数値に基づいた分析であるので説得力があります。財務データやレセプト集計データ、DPCデータといった財務、経理関係の数値情報はもとより、各部門で管理している月報や日報の集計情報を用い

ることもあります。

　他方、定性分析は数値を用いません。例えばヒアリングやアンケート分析です。定量的に問題を把握した後、なぜその問題が起こっているのかについて適当な担当部署、役職員を選定し、ヒアリングを行います。定量分析だけでは把握できない、現場で起きている問題の発生要因を定性分析で明らかにすることで、改善に向けた是非を判断することが可能です。言い換えると現場の実態把握無しに改善施策の精度は上げることができません。現場が抱えている課題が構造的な要因であり改善困難であるのか、あるいは何かしらの対応を取ることで克服できる程度の問題なのか見極める必要があります。

　ただし、ヒアリング分析は、対象者の主観や思い込みが多分に入る余地があります。部署によって言い分が食い違うことも往々にして発生します。定量分析を併用しつつ、複数の部署、役職員へヒアリングを行い、多角的に検証することが重要です。

２．分析結果を定量的に「見える化」する

　課題分析は可能な限り定量的に行いましょう。収支改善を目的とすることから、解決すべき課題を克服した場合のインパクトを測定する必要があるためです。定量的な観点がなければ目標を設定することができません。必ず定量的な観点を分析に取り入れましょう。

　ただし、該当する事業活動に関する情報を定量的に集計していないということは往々にして発生します。筆者の経験でも、事務方が集計または把握していないとして、データ提供を断られることがあります。

　ところが、該当部署の職員に話を聞くと実はデータを集計、管理していることがしばしばあります。データを管理している理由を聞くと、部門独自の管理のためや、極端な例では担当者個人の興味本位で、といっ

た理由で、実は課題分析に活用できるデータ集計を行っていることを聞きます。過去、事務部門に提出していたが使われなくなったデータを、誰から言われることもないので継続的に集計していた、というケースもあるようです。理由は様々ですが、分析に資するデータが院内に眠っています。異なる目的で集計しているデータが、実は収支改善において重要となり得ます。

　なお、いくら探しても分析に資する情報を集計していないケースはあります。その場合は、短期間であっても、新たにデータを収集するようにしましょう。例えば、データ収集期間を区切って集める方法です。一定期間の情報であれ全体の傾向が把握できるならば、短期間でもある程度の課題把握の精度は期待できると考えられます。繰り返しになりますが、問題がどれだけ発生しているのか、どれくらい改善できるのか（あるいはできないのか）、という量的な議論を可能にするための情報収集が重要です。

3．比較分析の着眼点

　定量分析にはギャップ分析がよく用いられます。あるべき姿と現状を比較し差異を発見し、その差異の発生要因（課題）を突き止め、ギャップの改善に向けて各種オペレーションの見直しを行う、という手法です。

　ギャップを抽出する着眼点は大きく3つあり、図表1に整理しています。ポイントは、ギャップを抽出する際に用いる比較データに比較対象性があるか、という点と、ギャップを、改善すべき差異として認識できるかどうか、という点です。結論としてはベンチマーク分析を正しく用いることが効果的です。順を追って解説します。

　まず、おそらく大多数の病院において用いられているトレンド分析について触れます。自院の過去データとの比較に基づき差異を把握し改善

ポイントを抽出します。年次や月次、あるいは週次等、期間の取り方は目的に応じて異なります。前年同月や前月比較という観点もトレンド分析に含まれます。

　自院の過去データであるため比較対象性については問題ありません。データも蓄積されているはずであり、詳細分析も可能です。加えて比較時点の状況もよく理解できているはずなので、差異の要因についても特定が比較的容易であるはずです。しかし、比較する意義があるかどうかについては立ち止まって考える必要があるかもしれません。なぜならば、過去における自院に課題がある場合、その問題は差異として浮き彫りにならないため問題として認識されず、放置される懸念があるためです。もし他の病院と比較して、稼働率といった経営指標の水準が低い場合、過去の稼働率を目標とすると設定値が過少にとどまるといった問題も孕むことになります。トレンド分析は手軽かつ有効な手法でありますが、その留意点について理解することが重要です。

　第二に、予算と実績の差異を分析する予実分析は、計画に基づき運営する場合においてポピュラーな分析および管理手法です。

　予実分析を効果的に行うためには計画数値が十分に理解、納得されていなければなりません。しかし、9（85ページ）で触れている通り、計画作成のプロセスにおいて現場責任者をコミットさせていない場合がしばしば見られます。この場合、達成すべき目標として計画数値が現場職員に認識されていないため、計画との差異が生じていたとしても改善すべきギャップとして見なされない懸念があります。予実分析を有効に行うためには、前提として計画への合意が必要であることを押さえましょう。

　最後にベンチマーク分析です。他の病院や業界平均的なデータと比較して差異要因を抽出します。自院が有している機能や特徴に共通点を持

図表1　ギャップ分析のアプローチと特徴・留意点

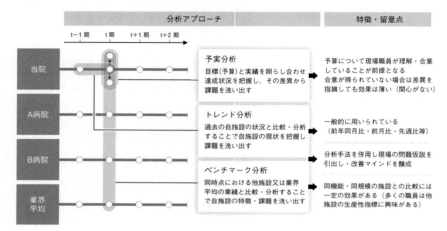

出所：YCG作成

ち、かつ、業況が良好な病院データは収支改善においては目標とすべき病院です。もしデータが入手できるのであれば積極的に活用するようにしましょう。

　なお、病院個別の情報は一般的にはなかなか入手できる類のデータではありません。一方で、医療政策の立案、検討に際して公的機関が各種の統計や調査を定期的に行い、公表しています。医療経済実態調査のように、経営情報に関する調査資料もあります。加えて、医療業界には多様な関係団体があり、各種の情報を発信しています。その多くは利害関係を政策に反映させるための調査資料ですが、経営課題の抽出や目標設定へ活用することができます。

　自院と同じ地域で運営する競合の病院や、介護施設等の連携、協力機関の情報も一定の範囲で取得できます。例えば病床機能報告制度や介護サービス情報公表制度が挙げられます。これらの制度趣旨は、病院や介

護施設の情報を公開することで患者、利用者が選択しやすいようにすることですが、目標設定を検討する際のベンチマークとなり得ます。

　ベンチマーク分析は、自院と比較して意義のあるデータを用いる必要があります。当然ですが、比較データに共通点を見出すことができなければ、改善する必要があるギャップかどうかわかりません。加えて、現場職員も耳を傾けてくれなくなります。必ず、比較対照のあるデータを用いましょう。

　なお、だからと言って病床数であるとか診療科構成が完全に合致することはあり得ません。少なくとも違和感を持たれないデータを用いることが大切です。

　例えば、入院基本料を揃えると有意なデータ結果が得られる可能性があると考えられます。厚生労働省の公的な統計データや業界団体等の調査報告書等、比較分析に活用できるデータは豊富に存在しています。是非活用してみましょう。

　筆者の実感として、ベンチマーク分析が正しく用いられることで副次的な効果が期待できます。改善に向けた動機付けを現場職員に促すことができるという点です。病院は、高度に専門化された多様な職種で構成された組織です。加えて職人的気質を持つ職員も少なくありません。そのためか、同じ専門領域における分析結果に対しては真摯に捉え、改善に向けた協議に前向きに参加する傾向があります。収支改善の目的は健全な病院経営の維持と継続ですが、各部門における改善協議は、専門領域におけるこだわりやプライドが前面に押し出されるように感じます。いずれにせよ改善に向けた動機付けの機会となることがあるということです。

4．財務ベンチマーク分析の進め方と留意点

　ベンチマーク分析は多種多様な指標で行うことが可能です。問題の所在を大づかみするため、まずは財務指標を用いたベンチマーク分析を進めます。勘定科目や主要な経営指標（稼働率または患者数、および診療単価等）を比較し抽出した差異に基づき、詳細把握に向けて各部門で管理されている情報レベルの分析へと進めます。いきなり詳細項目を分析するのは木を見て森を見ないことになりかねないため、まずもって財務指標を用いた分析を行うことをおすすめします。

　ベンチマーク分析を行うために病床規模の違い等を補正する必要があります。そのため、収益に対する割合で比較することが一般的です。例えば図表2のように分析を進めます。

図表2　ベンチマーク分析例と注意点

（単位：百万円）

	t期 実績	構成比①	ベンチマーク②	差異（①-②）	
医業収益	3,500	100%	100%	―	
医薬品費	315	9%	9%	▲0%	
材料費	490	14%	21%	▲7%	
給与費	1995	57%	54%	3%	▶ 比率が高い＝課題がある？
委託費	245	7%	6%	1%	
設備関係費	280	8%	9%	▲1%	
経費	245	7%	6%	1%	
医業費用合計	-70	▲2%	2%	▲4%	
医業利益率					問題があるように見えているだけ？
平均在院日数（日）	17		15	2	
患者1人1日当たり入院収益（円）	55,000		56,500	▲1,500	
病床稼働率	75%		80%	▲5%	▶ 稼働が低い→収益性が低い

注：急性期一般入院料1を算定する病床規模200床以下の民間病院のケース
出所：YCG作成

　図表2をみると、給与費が3％高く、給与水準や職員配置に問題がありそうです。しかし、ここで注意が必要です。サンプル病院は稼働率が

低く、収益力が業界平均と比べて弱いと見受けられます。費用に関する
比率分析は、無駄等により過剰な費用が発生していないかどうかを明ら
かにするために行います。仮に比率が高ければ該当する費目に何らかの
改善余地があるのでは、と思うかもしれません。ところが、比率分析は、
収益性が低い場合において差異が過大に生じる要因となります。実態は
費用水準が適正であった場合でも、です。

　つまり図表2のケースでは、収益力が低いことが本質的課題です。更
に言うと稼働率が低い点にあります。比率分析は、「見かけ上」の差異
かどうかを多面的に検証することが重要です。ここを見落としてしまう
と、その後の課題分析の精度が低く、改善施策の有効性に疑義が生じて
しまうので注意しましょう。

　病院のコスト構造の違いを生む事業活動の違いも重要です。例えば医
薬分業の有無です。外来診療において院外処方であるならば、病院では
処方薬は発生しないのでその分医薬品費は少なくなります。

　病院の外部取引の一つに業務委託があります。例えば給食や清掃、検
査、事務委託等々です。委託取引によって、仮に当該委託取引を内製化
していれば発生していたであろう給与費が委託費として計上されます。
内訳の違いが見かけ上の給与費差異の要因となり得ますので注意が必要
です。

　なお、自院のデータについて、分析に用いた事業年度の数値に、偶発
的に発生した収益や費用が含まれている場合も分析結果をゆがめてしま
うため控除することが望ましいです。経常的に発生する支出入を前提と
した病院の実力をベースに分析するようにしましょう。

5．課題分析の詳細化に向けて

　定量分析のポイントは、発生原因を改善活動の対象とすることができ

る大きさの問題まで深堀をすることが重要です。例えば収益（売上）を増やす、費用を減らすという目標を掲げても何ら対応のしようがありません。例えば図表3に記載したように、要因を細かく分析し、改善できるレベルまで問題を突き詰めることが重要です。

図表3　損益科目の分解例

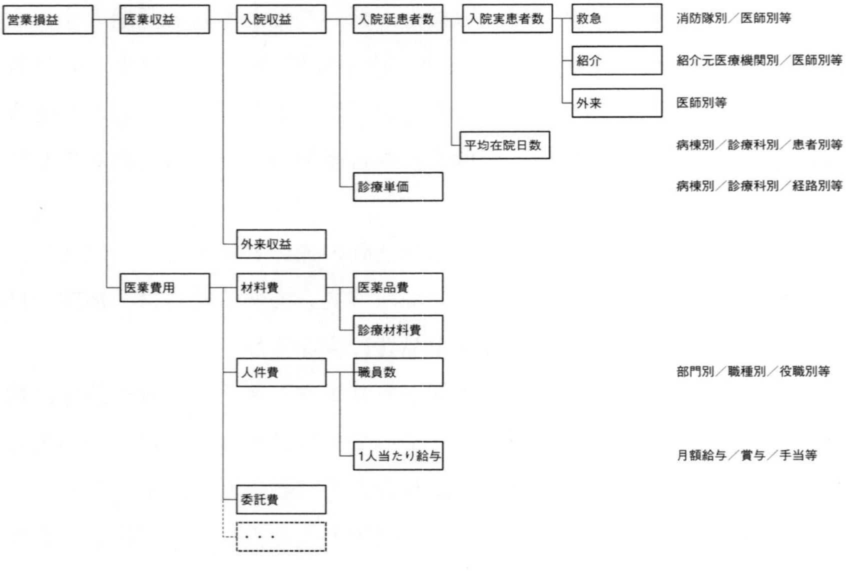

出所：YCG作成

　図表3は一例としての分析の切り口であり、ヒアリング分析を基に、どういう観点で分析を深堀していくかは病院の実情に応じて異なります。ともあれ、財務ベンチマークで大まかに課題を掴んだ後は改善活動の対象が特定できる水準まで分析を深めていくことが必要です。その過程において、各部門で管理されている情報等も活用することになります。財務情報や主要経営指標は業界平均データ等が公表されていますが、各部

門レベルのデータや病院固有の問題に関して比較できるデータは公表されていないことも多く、検証の難易度は上がるかもしれません。しかし、改善施策の精度向上に向け詳細分析に取り組んでいくことが必要です。そして、あくまでも定量的な問題把握に努めましょう。

　重複しますが、要因分析に用いた比較データを該当部署の担当と共有することは、問題意識の醸成にも貢献することから改善活動の実効性向上にも寄与します。10（91ページ）において触れた通り、現場職員との共通理解を得るためには彼らが受け入れやすい指標を用いることが極めて重要であり、粘り強く取り組んでいく姿勢が求められます。

Q 病院において経営戦略を立案する際のポイントについて教えて下さい。

POINT 病院を取り巻く外部環境は変化しつつあり、経営戦略の再検討が必要とされている。戦略検討は病床の「機能」の「規模」という視点で、聖域を設けずに行うことが重要である。

地域の需給環境とその将来性に加えて、連携、協力する外部組織（医療機関、介護事業者、行政等）の動向を押さえ、自院が、変容する地域環境においてどのようなポジショニングを取るかを見極めることが求められる。

A

1. 経営戦略の検討の背景について

本書の外部環境編では、様々な視点から、病院を取り巻く外部環境の変化とその病院経営への影響について解説しました。総じて、多くの病院では、経営戦略の再検討が必要とされています。変化の多くは不可逆的であり過去を前提にした病院経営はもはや通用しません。特に、業況が悪化傾向にある病院において、戦略の見直しは喫緊の課題であると言えるでしょう。

病院における経営戦略とは、経営理念で定めた目指すべき状態を実現するために、いかなる外来・入院等機能を保有し、対象となる患者像を定め医療提供を行っていくかという方針を指します。

病院経営は今後、いかなる戦略のもとかじ取りを行っていくべきでし

ょうか。本節では経営戦略の考え方について解説します。

2．経営戦略の検討の着眼点とは

　人口構造の変化とその変化に対応するための制度環境の見直しを受けて、多くの病院では変革が求められています。人口構造は不可逆的でありどうすることもできません。従って、今後の病院経営を考える上での前提条件として捉える必要があります。制度環境は、市場環境変化を受けての変化であるため同様に所与の条件と言えます。

　結論的に言うと、病院経営の戦略検討における基本課題は病院の「規模」（主に病床数）と「機能」（提供している医療サービスの内容とターゲットとしている患者の状態）をどう定めるかです。医療需要は変容し、かつ中期的には減少懸念であり、政策的には財政負担の観点から必要な医療機能を質的・量的に、将来人口に合わせて調整しようとしているためです。

　規模と機能を強化・拡大するか、あるいは縮小・適正化するかという選択が戦略検討に必要な観点です。その二軸で評価したのが図表1です。順を追って解説します。

3．マーケット拡大戦略について

　マーケット拡大戦略は大手医療法人グループや一部の地域にて急成長しているグループで用いられています。現在提供している医療機能を更に展開することでシェアを拡大することを狙った戦略です。M＆Aを積極的に活用し、エリア拡大も含めた事業展開を志向しているケースが多いようです。いわゆる勝ち組の戦略と言えるでしょう。

　自院の運営する地域の人口減少が進行し、医療需要の減少が懸念されることから生き残りを図るために積極的に都市部、東京都心部へ進出し

図表1　病院の経営戦略検討の視点

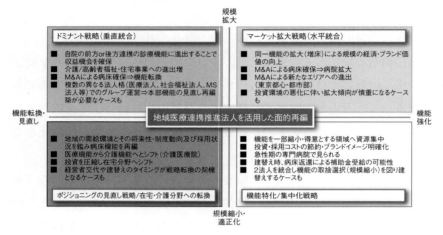

規模
拡大

ドミナント戦略（垂直統合）	マーケット拡大戦略（水平統合）
■ 自院の前方or後方連携の診療機能に進出することで収益機会を確保 ■ 介護/高齢者福祉・住宅事業への進出増 ■ M&Aによる病床確保⇒機能転換 ■ 複数の異なる法人格（医療法人、社会福祉法人、MS法人等）でのグループ運営⇒本部機能の見直し再編築が必要なケースも	■ 同一機能の拡大（増床）による規模の経済・ブランド価値の向上 ■ M&Aによる病床確保⇒病院拡大 ■ M&Aによる新たなエリアへの進出（東京都心・都市部） ■ 投資環境の悪化に伴い拡大傾向が慎重になるケースも

機能転換・
見直し

地域医療連携推進法人を活用した面的再編

機能
強化

| ■ 地域の需給環境とその将来性・制度動向及び採用状況を鑑み病床機能を再編
■ 医療機能から介護機能へとシフト（介護医療院）
■ 投資を圧縮し在宅分野へシフト
■ 経営者交代や建替えのタイミングが戦略転換の契機となるケースも | ■ 機能を一部縮小・得意とする領域へ資源集中
■ 投資・採用コストの節約・ブランドイメージ明確化
■ 急性期の専門病院で見られる
■ 建替え時、病床返還による補助金受給の可能性
■ 2法人を統合し機能の取捨選択（規模縮小）を図り建替えるケースも |
| ポジショニングの見直し戦略/在宅・介護分野への転換 | 機能特化/集中化戦略 |

規模縮小・
適正化

出所：YCG作成

拡大することを狙うケースもあるようです。

　ただし、近年においては、自院建替えを控えている場合、追加的な投資コストを嫌がりM＆Aを控えるという判断がなされることもあり、以前に比べると慎重姿勢になっているケースも見られます。

4．ドミナント戦略

　ドミナント戦略は一定の診療圏（商圏）を対象として垂直統合的に事業展開を図る手法です。病院は患者の状態や疾患に応じて適切な入院機能を提供する必要があり、例えば手術や術後の社会復帰に向けたリハビリはそれぞれ異なる医療機能であるため、所定の治療目的が終了した場合は速やかに転棟や転院する必要があります。更に、退院後においても継続的な通院治療や、高齢者においては介護サービス利用が必要になる等、患者・利用者は医療や介護サービスを継続的に利用します。単一の

医療または介護機能だけでなく、状態に応じて必要となるサービスを連続的に整備することで、患者・利用者に自法人内のサービス利用を促し、収益の囲い込みを図ることで経営の安定化を狙う戦略がドミナント戦略です。過度な囲い込みは問題ですが、患者・利用者にとっては同一法人・グループで継続的にサービスを受けることができるので安心感に繋がるというメリットがあります。加えて、多様なサービスを提供していることで継続的な雇用機会の提供が可能となるため、職員のキャリアパスの観点からも理に適っていると言えます。

　筆者は、一般的な医療・介護サービスを提供している事業者の多くはドミナント戦略が有効であると考えています。なぜなら、医療・介護はヒト（患者・利用者）を対象にしてヒト（医師、看護師、介護職員等）がサービス提供する産業だからです。双方、生活圏がある以上、サービス受給は一定の地理的範囲に収まります。特殊または高度なサービスは、当該サービスを受けるために極端に言うと国を超えることも考えられますが、患者・利用者としては、一般的な医療・介護サービスは生活圏内で完結することを望むでしょう。

　一方、職員の就業場所も一定のエリア内に収まると考えられます。医療、介護サービスのマーケット特性である地理的制約を鑑みると、事業の成長や拡大を検討する際はまずもってドミナントという観点が有効であると考えられます。各地域で安定的な経営を行っている法人グループの多くは、医療や介護、福祉（ひいては保育や教育）等を複合的に行っています。M&Aを活用することも視野に入れつつ、垂直統合的にサービス展開を行いながら、安定的な経営基盤を構築することを狙った戦略であると言えるでしょう。なお、法人グループの経営管理のポイントについては**22**（182ページ）を参照下さい。

5．ポジショニングの見直し戦略

　紙数の関係で、機能特化・集中化戦略は割愛し、最後に、ポジショニングの見直しについて触れます。多くの病院経営者は、これまで触れてきたような経営環境の変化および業況の動向を鑑み、ポジショニングの見直しについて大なり小なり検討しています。建替えの検討を機に、戦略の見直しが一気に加速するケースも見られます。

　ポジショニングの見直しとは、地域の医療提供体制において自院が果たしている現在の医療機能を、需給状況の将来見通しや競合・協力関係にある近隣他病院等の動向を踏まえて転換し、近隣病院や患者から求められる機能を確保することで経営基盤の再構築を図ることを指します。近年、病棟再編や病床機能の見直しといった議論が盛んですが、総じてポジショニングの見直しに関する議論と整理することができます。

　繰り返しになりますが、人口構造の変化と人口減少の進行により医療需要は質、量ともに変容しつつあります。従って、これまで提供してきた医療機能の必要性が低下し、新たな役割が求められる可能性が生じています。診療報酬改定による需給調整も相まって、多くの病院においてポジショニングの見直しに向けた検討がなされていると見られます。特に、病床稼働率の低下傾向が続く病院においては、市場環境や制度環境の変化の影響を受けていると解されるため、ポジショニングの見直しは喫緊の検討課題です。

　現在の医療機能を維持している状態において病床稼働率の低下傾向が続くと見られるとすると、経営状況の好転は期待できず病院の存続に懸念が生じる可能性があります。一方、需要の質的、量的な変化と制度的動向を掴み、地域において必要となる医療機能が何かを見極め、ポジショニングを見直すことによって、病床稼働率の改善を果たし、業況の回復に繋げることができる可能性があります。なお、ポジショニングの見

直しについては**18**（153ページ）で解説します。

　筆者は経営戦略の検討を支援する立場にあり、多くのケースにおいて
ポジショニングの見直しに関する要否検討を行っています。人口減少が
加速度的に進行する地域の支援先に対しては病床規模の縮小（ダウンサ
イジング）を含めて検討します。

　以前であれば、病床機能や規模の縮小や見直しは、経営者の意向と異
なることが往々にしてありました。そのため、なかなかポジショニング
の見直し等の検討や判断は進まなかったかもしれません。しかし、近年
においては外部環境の変化を如実に感じ取っているためか、聖域を設け
ず検討する姿勢をもつ経営者が増えているように感じます。

　次世代の経営を担う後継者（候補）は、より冷静に、地域の需給環境
における自院のあり方について判断することもあるようです。例えば中
期的に建替えを控えている場合においては、次世代を担うメンバーも含
めた病院の将来方針の検討を行ってもいいかもしれません。客観的なデ
ータに基づき多角的に検討することで地域における自院の役割を再定義
し、健全に中長期的に病院を存続していくために何が必要であるかの共
通認識を持つことが重要です。

Q 稼働率が低下傾向にあるため改善に向けて院内で協議しています。稼働率改善のコツを教えて下さい。

POINT 病床稼働率は病院経営の重要指標である。近年の制度環境の変化により、多くの病院において病床稼働率の維持、向上に向けてオペレーションの見直しが求められている。

　稼働率の計算式は「入院実患者数」、「平均在院日数」、「病床数」から構成される。入院実患者数の増加に向けた検討は、入院経路という観点で行うことが有効である。なお、増患に向けた取り組みに対する現場理解を得るには、まずもって、患者の利便性向上と紐づけることがポイントとなる。

　建替え等の機会は、現在の病床機能と病床規模を前提とせず、健全な病院経営の維持に必要となる適正稼働率の確保に向けた検討をする絶好のタイミングである。

A ••

1．稼働率に関する近年の傾向

　本節では、病院経営の重要指標である病床稼働率の改善に向けた考え方について整理します。

　筆者の印象では、近年、病床稼働率の維持に苦戦している病院が多い模様です。低下傾向にあるケースもしばしば見られます。要因として、一部の地域では人口減少が先行している影響も考えられるでしょう。過疎地域の市町村では、既に高齢者人口が横ばいあるいは減少局面にある

ためです。しかし、都市部を中心とした多くの地域では、医療需要は総体としては増加局面にあります。

　5（40ページ）で触れた通り、入院医療に関する診療報酬の改定が強く影響していると考えられます。詳細は割愛しますが、いわゆる重症患者割合の維持または向上に奮闘する過程において、退院調整を行ったために稼働率が低下する、というケースです。重症患者の獲得に向けた競争環境が厳しくなることも相まって、稼働維持に苦慮することも往々にしてあるようです。

2．病床稼働率の構造と見直しのポイント

　病床稼働率の構造と見直しのポイントについて、図表1を基に見ていきましょう。

図表1　病床稼働率の構造

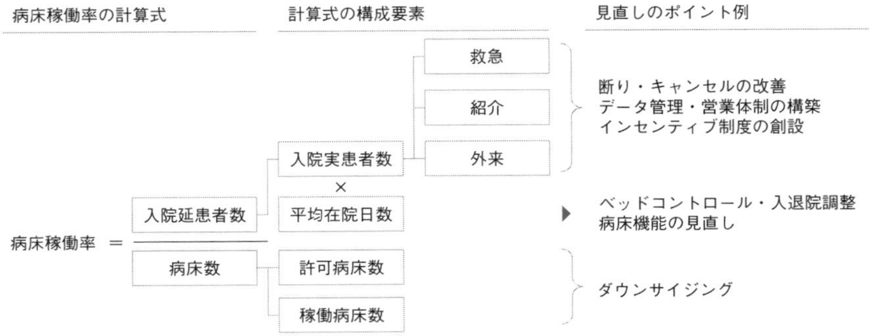

出所：YCG作成

　分子の入院延患者数は入院実患者数と平均在院日数にわかれます。入院実患者数の増加に向けたポイントは次項で触れます。

　計算式の分子部分を構成する平均在院日数が延びれば入院患者延数は

増加しますので、稼働向上に寄与します。ところで、この打ち手は有効でしょうか。結論としては、以下2点の理由により取り入れづらい着眼点かもしれません。

　まず、3（24ページ）で解説した通り、入院収入を算定するために順守すべき施設基準には、入院期間（平均在院日数や入院できる最大日数）が定められていることがあります。所定の入院期間内に収めることができなければ入院料がランクダウンし、入院収入の減少に繋がる懸念があります。

　第二に、入院期間をいたずらに延ばすことは患者個人および財政の過度な負担増を意味します。適切な理由で入院期間が調整されることはあり得るかもしれませんが、これ自体を目的とすることはあってはなりません。おそらく、現場職員の納得感も得られにくいと考えられます。総じて、有効な手法とは言えないでしょう。

　なお、同じ疾患や治療内容であったとしても、医師によって入院期間にばらつきがある場合は、入院治療の標準化を図ることで結果として入院期間が延びることがあります。また、患者の治療経過等を鑑み、適当な理由があれば入院期間を調整するということも実務的には起こりえます。いずれにせよ、手段が目的化しない範囲で在院日数を調整する余地があることがわかります。

　これまで解説してきた議論は、見方を変えれば、施設基準を変更し、施設基準の実績算定に適した状態の患者の受け入れを行うことで、入院期間を延ばすことができ、結果として稼働率を高い水準で安定させることができるかもしれません。つまり、病床機能の見直しです。現在届け出ている入院基本料（または特定入院料）の施設基準において想定されている患者像と実態にギャップが生じつつある場合、更なる患者増を見込むことが難しいのであれば、現行の集患力に合わせた施設基準を選択

することで、適切に入院期間の延伸が図られ、結果として稼働率の向上が期待できます。

　ただし、病床機能の見直しについては稼働率だけでなく多面的な検討が必要です。**18**（153ページ）で詳しく解説していますのでそちらもご覧下さい。

3．病床稼働率を分析する際の落とし穴

　ところで、病床稼働率を計算する際に留意すべき点として、許可病床と稼働病床を区別して管理していることがあります。許可病床とは開設許可を得ている病床を指し、稼働病床は実際に運用している病床数を表します。

　何らかの要因により入院の受け入れを行っていない病床や病室を抱える病院は散見されます。差異が生じる理由は病院の実情によって様々ですが、多くの場合、職員配置が十分でないということが挙げられます。

　病院運営の観点では、稼働病床数を上限として患者の受け入れを行います。許可病床数と稼働病床数が一致していれば経営的な観点で問題はありません。しかし、許可病床と稼働病床に差異が生じている場合、稼働率がいくら高くても、実は経営的に満足する水準の収益が得られないことがあります。管理している稼働率が稼働病床数をベースにしているからです。現在の職員体制を前提として病床稼働に制約が生じている以上、許可病床ベースでの稼働率の向上は短期的には見込みづらいのはやむを得ないかもしれません。しかし、正しく経営管理する観点では許可病床、稼働病床の両面で稼働率を把握する必要があります。

　なお、分母である病床数自体を見直すことで稼働率の改善を図ることも考えられます。つまり、病床数を削減し稼働率の向上を試みる手法です。近年では、病床ダウンサイジング支援と呼ばれる、国費で病床縮小

を支援する制度も創設されています。政策側の狙いは本書の各所で触れている通り、人口変化による病床過剰の状態を質的量的な観点から是正するためです。

病床のダウンサイジングによる稼働率改善は、建替え等のタイミングにおいて有効に働く可能性があります。言い換えると、既存施設でしばらく運営を継続する場合において、病床ダウンサイジングは経営的に効果を発揮しない懸念があるので注意が必要です。

4．稼働率改善に向けた分析の勘所

既存の病床機能、規模を維持した状態での稼働率改善に向けた取り組みは入院実患者数を増やすことに尽きます。入院実患者数を増やすための現状の課題把握に向けた分析は、病棟別や診療科目別、医師別等、様々な切り口が考えられます（**15**（128ページ））。筆者がおすすめする分析の着眼点は入院経路別です。

患者の入院経路は大きく3通りで、救急、紹介、外来です。救急外来や紹介患者が自院の一般外来を経由する等のケースもありますが、3つのいずれかを辿ります。

入院経路別の増患を検討する場合、必要となるアプローチの違いを理解することが重要です。つまり、救急や紹介は消防隊や他の医療機関等との連携関係における集患経路であり、外来は患者（一般消費者）に対して直接的なアプローチが必要となるルートであるということです。

外来経由の入院患者を増やすには、つまるところ、外来の実患者数を増やす必要があります。例えば検査目的の患者を増やすために診断機器を充実させる、健診（検診）事業に注力するといった方法が考えられます。専門外来を開設するという手法も有効かもしれません。

新規の外来受診を増やすには、自院が患者に選ばれる必要があります。

　なお、選ばれる以前の議論として、そもそも認知されることから始める必要があるかもしれません。仮に認知されていたとしても、他院より特徴を出すことができなければ、あるいは特徴を知ってもらうことができなければ選択されません。

　すなわち、一般顧客向けのPR活動や受診を促すサービス提供等が求められます。いわゆるBtoCの販促戦略やオペレーションが必要です。

　一方、救急や紹介は訴求先、ポイントが異なります。つまり、BtoBビジネスの考え方が必要です。BtoBとは簡単に言うと、サービスの提供先が一般消費者ではなく他の組織であるということです。

　入院経路の議論に当てはめると、救急は消防隊、紹介は他の医療機関や介護施設、居宅介護支援事業所や地域包括支援センター、行政の担当部署を対象にした周知活動やオペレーションが必要です。入院経路によって、集患に向けたアプローチが異なることを押さえましょう。

図表2　入院経路別の集患のポイント

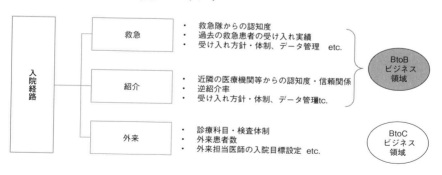

出所：YCG作成

５．BtoBルートにおける逸失利益の把握と対策の検討

　救急および紹介を経由する入院経路の集患を強化するためのポイントを図表３に整理しました。重要な点に絞って解説します。

図表３　医療機能別BtoB戦略見直しのポイント例

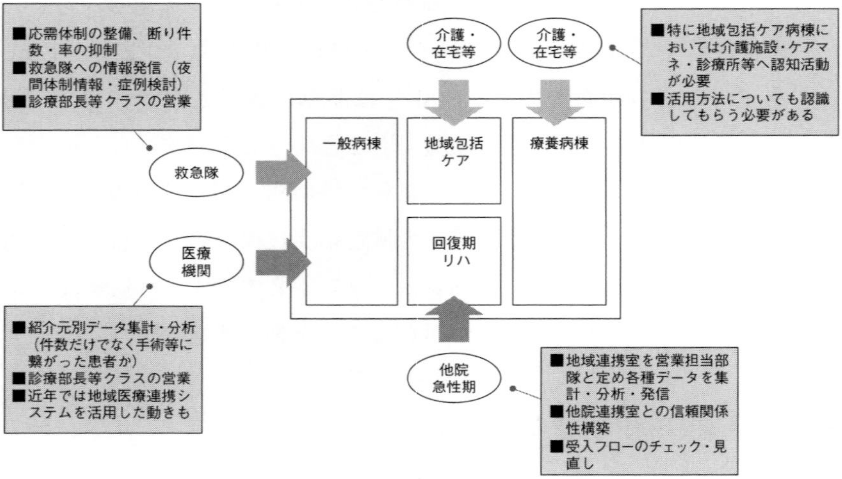

■応需体制の整備、断り件数・率の抑制
■救急隊への情報発信（夜間体制情報・症例検討）
■診療部長等クラスの営業

■特に地域包括ケア病棟においては介護施設・ケアマネ・診療所等へ認知活動が必要
■活用方法についても認識してもらう必要がある

介護・在宅等　　介護・在宅等

救急隊

一般病棟　　地域包括ケア　　療養病棟

回復期リハ

医療機関

■紹介元別データ集計・分析（件数だけでなく手術等に繋がった患者か）
■診療部長等クラスの営業
■近年では地域医療連携システムを活用した動きも

他院急性期

■地域連携室を営業担当部隊と定め各種データを集計・分析・発信
■他院連携室との信頼関係性構築
■受入フローのチェック・見直し

出所：YCG作成

　まず、現状を把握し課題抽出を行います。病院によっては救急、紹介の問い合わせ記録を蓄積、集計していないこともあります。問題の所在や程度を把握するために管理体制を構築することが肝要です。もし、手元にデータがないようでしたら過去の問い合わせ記録を掘り起こして定量化しましょう。

　特に重要な観点が、問い合わせを自院が断った、または問い合わせ元からキャンセルされたケースです。受け入れを行った患者に関する記録は病棟等へ申し送りするために蓄積されます。しかし、受け入れを行わ

なかった場合は、記録を一定期間保管した後に破棄してしまうことがしばしばあります。この場合、断ったりキャンセルされたデータは集計されません。いわんや、断った理由等が記録する情報として認識されていないこともあります。筆者の経験では担当者の手書きのメモを入力し見える化を試みたことがあります。当該部門の運営に必要な情報ではないため、蓄積されないのはやむを得ないかもしれませんが経営的な観点では極めて貴重なデータです。必ず管理するようにしましょう。逸失利益の改善に繋がる可能性があるからです。

　なぜ逸失利益の把握が必要でしょうか。文字通り、利益を得る機会を逸してしまったということもありますが、なにより、例えば紹介を例にとると、連携・協力している他の医療機関や介護施設からの信頼性が低下する懸念があるためです。紹介元の医療機関等としては、大事な患者や利用者に対して速やかに紹介先を案内したいものです。また、信頼できる先でなければ、通常紹介しないでしょう。つまり、患者紹介には信頼と実績が必要とされます。この点は救急も同様です。

　紹介や救急受け入れを断る、あるいはキャンセルされることは次の紹介や救急受け入れ要請がなくなる懸念があるかもしれません。その状態を放置したまま、仮に増患に向けたPR活動を行ったとしても何ら効果は得られずむしろ逆効果です。必ず断った件数等の分析に努めるようにしましょう。図表4は紹介元医療機関からの問い合わせ記録分析の一例です。

　図表4を作成するための情報が蓄積されていなかったため、相談室の問い合わせ記録から必要情報を集計し分析を行いました。この事例では、問い合わせがあった日から入院受け入れの検討まで要する期間が長く、紹介元医療機関から、他院に入院することが決まったため問い合わせを辞退（キャンセル）されるケースが頻発していました。

図表 4　紹介患者分析例

紹介から受入までリードタイムが発生している
間に機会損失となっているケースが多発

病名	問い合わせ日	断った日	リードタイム	理由分類	可否	可能とする条件
脳幹出血（右片麻痺・構音障害・嚥下障害）・胃瘻増設後	4/2	4/20	18日	キャンセル	-	速やかな受け入れ検討
CKD・二次性副甲状腺機能亢進症・下肢麻痺・腸管麻痺・好酸球増多症・反応性低血糖	4/8	4/10	2日	対応困難	×	-
大静脈弁置換術後・術後廃用症候群・慢性腎不全	4/2	4/15	13日	満床	×	転棟等により対応可能だったと思われる
C6前方脱臼による頸椎損傷・C6FrankelA・ASIAA・誤嚥性肺炎後廃用症候群	4/15	4/16	1日	対応困難	×	調整可能だった可能性
パーキンソン病	4/17	4/20	ベッドコントロールの体制見直しでの受け入れ余地			
...	...	...	...			

出所：YCG

　加えて、満床での断り理由については、よくよく病棟看護師の意見を聞
いてみると、ベッドコントロールの見直しにより病床確保ができた可能
性が指摘されました。

　以上の通り、断り・キャンセル件数と理由の集計が完了した後は、理
由が合理的かどうか、改善の余地がないかどうかについて、紹介、救急
受け入れに関する担当部門の職員を集めて検討を進めていきます。断る
理由の多くは「専門外」であるとか「別件対応中」といった一見すると
致し方ない内容かもしれません。しかし、詳細分析の結果、オペレーシ
ョンを見直すことで断り件数を抑制できる可能性があります。

　専門外の患者を受け入れることは、医療事故や訴訟が社会問題となる
昨今においては慎重な対応が求められることは言うまでもなく、何でも
かんでも受け入れるべき、というのが本節の趣旨ではありません。

　しかし、特にBtoB領域の入院経路においては、信頼関係をベースにし
た連携関係が構築されています。自院が他の医療機関等から選ばれるた
めには、断りやキャンセルが受け入れに関する方針を明確化し、方針を
実現するためにオペレーションの改善を積極的に進めることが重要です。

152

18 病床機能（ビジネスモデル）を見直す方法

Q 病院内外の環境変化に伴い病床機能（ビジネスモデル）の見直しを検討しています。見直す際のポイントについて教えて下さい。

POINT 病床機能の見直しの際にはマーケティング戦略と収支予測の策定が必要となる。

マーケティング戦略は、STP（セグメンテーション・ターゲティング・ポジショニング）とMM（マーケティング・ミクス）のフレームワークを用いてポジショニングの検討と、集患等の方法を再構築する必要がある。

収支予測を策定する際には、平均在院日数の変化に伴う目標入院件数の見直しや、オペレーションを成立させる人員配置や給与体系の見直しを検討する。

A ••

1．病床機能の見直しのタイミングとは

病床機能（ビジネスモデル）を見直すきっかけは大きく分けて二つあると考えられます。

1つは、病床の稼働率は高いものの、思うように利益が出ない場合です。この場合、受け入れている患者の状態と施設基準との間でミスマッチが起こっている可能性があり、施設基準を見直すことで収益性の改善に繋げられる可能性があります。例えば、急性期一般入院基本料を算定している病院が、地域包括ケア病棟入院料に切り替えることで、入院収入が増加するケースがあります。

配置する職員や患者属性が切り替えの前後で全く同じとなることは少ないものの、患者を大きく入れ替えることなく、病床機能を見直すことで、コスト構造を変えずに収入増に繋げられる場合があります。受け入れている患者と施設基準とのミスマッチの解消に関しては、多少テクニカルな議論になりますので、医事課職員や必要に応じて外部のコンサルタントにも相談しながら、対策を検討することをお勧めします。

　病床機能を見直すきっかけの2つ目として、患者が集まらない場合が考えられます。病床機能は医療機関のビジネスモデルに大きな影響があり、病床機能の見直しにはマーケティング戦略の見直しが伴います。

　本節では病床機能の見直しの中でもマーケティング戦略の見直しと、戦略の見直しと合わせて検討すべき収支予測策定について解説します。

2．マーケティング戦略の考え方

　マーケティング戦略を検討する際、一般的に使用される考え方（フレームワーク）として、STP（セグメンテーション・ターゲティング・ポジショニング）とMM（マーケティング・ミクス）があります。

　STPとはSegmentation：セグメンテーション、Targeting：ターゲティング、Positioning：ポジショニングの頭文字を取ったものです。市場を地域、性別・年齢、疾患等いくつかのセグメントに分類し、その中で自分たちがターゲットとするセグメントを選択します。選定したターゲットを顧客とするプレイヤーは自分たち以外にも存在することが一般的であり、複数のプレイヤーの中において自分たちが優位に立てるポジションを検討します。

　MMとは、マーケティング戦略の中でも実行戦略と位置づけられ、一般的には4つの構成要素を検討します。4つの検討要素とは、売手側の視点ではサービス・製品（Product）、価格（Price）、プロモーション

（Promotion）、流通（Place）であり、これらの要素を漏れなく検討します。

　まず、市場セグメントを考える際には、**14**（122ページ）で触れた通り、ケアデリバリーバリューチェーンを使って市場を考えます。病床機能を施設基準や病床機能報告を参考に分解すると、高度急性期、一般急性期、ケアミックス、回復期（回復期リハビリテーション病棟や地域包括ケア病棟）、長期療養の様に分解できます。

　次に、この中で自院が狙う領域であるターゲットを検討し、ターゲット内で自院の優位性を発揮できるポジショニングを考えます。例えば、回復期領域において地域住民をターゲットとして、地域でシェアNo1の回復期リハビリテーション病院を目指すといったケースや、急性期領域で2次医療圏全域の関節疾患手術を必要とする患者をターゲットに、低侵襲な手術を売りに医療圏内の症例数No1を目指す、と言ったマーケティング戦略が考えられます。集患で悩むケースの場合、ターゲティングが定まっていない、定めた領域で優位性を発揮できるポジションを築くことができていないことが多くあります。

　特に、近年は急性期の病院や、ケアミックス病院（複数の医療機能を持つ病院）において、病床機能の見直しを迫られているケースが多くあります。こうした病院は急性期治療を行う際に他の医療機関よりも優先的に選ばれる診療科が少なく、入院患者の回転数が少なくなる一方、稼働率を維持しようとするため、結果として平均在院日数が長く、1日当たりの入院単価も低くなる傾向にあります。まずは自院が狙うポジションはどこで、どの様な競合がいるのか、競合と比べて優位性があるのかを見極める必要があります。優位性が発揮できないようであれば機能の見直しを検討します。

3．病床機能の見直しに関する4つの視点

　具体的に病床機能の見直しを検討していく段階ではマーケティング・ミクスの考え方を取り入れて検討します（図表1）。その際にポイントとなるのは「ミクス」とある通り、検討する4つの切り口を漏れなく検討することが大切です。

図表1　マーケティング・ミクス

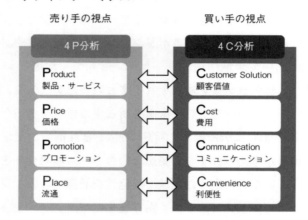

出所：各種データを基にYCG作成

　1つ目の論点である「顧客価値（サービス）」としてどの様な顧客（前述のSTPで対象を絞り込む）に、どの様な価値提供をするのか考えます。例えば、急性期から回復期に病床機能を見直す場合、高度な治療から維持期のリハビリテーション、専門医による診断・治療から総合診療医やソーシャルワーカー等による生活全般を含めたアドバイスを顧客は求めると考えられます。

　また、病床機能だけでなく、その他のサービスの在り方も顧客の変化に応じて見直しが必要となります。例として、外来部門について、従来

は専門特化した多数の診療科を開設して、急性期治療対象となる患者を早期発見することが求められていたものが、回復期に病床機能を見直すことで、デイケア等の慢性期のリハビリテーションサービスに対するニーズが高まることが考えられます。

2つ目の論点は「コスト（費用）」です。医療機関の場合、保険診療が大部分であるため価格を調整する余地は限られています。しかし、差額ベッド代、健診（人間ドック）、分娩等、医療機関側で価格設定ができる分野もあります。高額な差額ベッド代を設定することや差額ベッド代を徴収する病室を増やす、高額なPET健診をメニューに加える、アメニティを充実させることは、相対的に価格設定の余地が少ない医療機関だからこそ、顧客に対する価格帯のイメージを与えることになるでしょう。

3つ目の論点は「利便性（流通）」です。病床機能の見直しによって顧客の属性が変化します。従来は、公共交通機関を利用していた患者であっても、巡回バスや送迎車両の整備、場合によってはサテライトクリニックの開設を検討する必要性が生じます。

著者が支援したクライアントでは、病床数の削減と共に早期の在宅復帰を目指す病院への機能転換を実施すると同時にサテライトクリニックの開設を行いました。従来よりもベッドの回転数を高めるには新規入院患者の獲得が必要であり、診療圏を広げる必要があったためです。

4つ目の論点として「コミュニケーション（広告）」があります。地域住民に選んでもらうためには、市民講座の実施、院内イベント（音楽コンサート等）の開催、地域の催し物への協賛等を通じて住民の認知度を高めていくアプローチが考えられます。なお、例えば急性期病院の後方支援病院として診療を行っていくのであれば、マス向けの認知活動よりも、紹介元の医療機関との連携活動にリソースを割く方が効果的であ

る可能性があります。

4．病床機能の見直しによる収支予測の策定

　次に収支予測の策定について解説します。病院収入は患者数×患者当たりの単価に分解して考えることがシンプルです。単価については、診療報酬の積み上げや業界平均データ等を使うことで比較的精度の高い予測が可能です。

　一方で、患者数の予測は病床稼働率を使って試算することが多いですが、病床機能を見直すことで平均在院日数が変化するため、従来に比べて必要となる新入院件数が変わることが多く注意が必要です。患者数の予測をする際には、延べ患者数＝入院件数×平均在院日数で試算し、目標となる患者数を実現するために必要な入院件数を試算します。入院件数の目標を達成するために、例えば法人内や院内の転院で○名、□□病院から○名、ケアマネの紹介から○名と、目標数値を細かく分解して実現可能性を検証します。

　費用面で検証すべきテーマは配置人員、設備投資、原価（主に医薬品）です。まず配置人員について、施設基準上必要な職員が少なくなる場合、基準通り職員配置を減らしたオペレーションが可能であるか、現場職員との協議が必要です。

　例えば、急性期一般入院料（10対1相当）から地域包括ケア病棟入院料への見直しを行う場合、看護師の配置人数を13対1に変更できますが、10対1のオペレーションに現場が慣れていると13対1への見直しに反発することが有ります。また、同じく地域包括ケア病棟入院料を算定する際には、リハビリテーションの実施要件があるため、リハビリスタッフの配置も必要となります。

　また、急性期と回復期、慢性期等病棟によって受け入れる患者属性が

異なるため、病棟ごとの繁忙に差が出ます。繁忙に差が出る分、手当を付けてほしいという意見や、サテライトクリニックの開設や訪問系サービスを病床機能の見直しと合わせて実施する場合、同じように手当てを付けてほしいという意見が出ることがあります。病床機能を見直すべく、職員の部署移動を促すために経済的なインセンティブを設定することが検討されますが、後々、トラブルにならないような設計にするよう注意が必要です。施設基準と受け入れる患者像をイメージしながら、配置するスタッフの数について丁寧に議論することが望ましいと言えます。

　次に設備についてです。医師は最新の医療機器を揃えて欲しいと考える方が多いようで、新しく診療科を開設する、著名な医師を招聘する際には投資予算の妥当性について検証が必要です。

　最後に原価についてです。収支予測を組む際、原価率を決めて収入に連動させて予測を作ることが多いですが、医療材料費が高額になる整形外科や循環器内科、医薬品費が高額になる血液内科等、現在の原価率と大きく異なる場合があります。患者一人当たりの単価が高くなる診療科では、原価率も高くなりがちであり、特に注意が必要です。

5. まとめ

　以上、病床機能を見直す際に検討すべきマーケティング戦略と収支予測策定における留意点を解説しました。病床機能の見直しは病院経営に大きな影響があり、慎重な検討が必要ですが、より患者に必要とされる病院に変わり、経営状況の大幅な改善にもつながる可能性があります。環境変化に合わせ、最適な病床機能の選択を検討することをおすすめします。

Q 病院の建替えに向けた基本構想を検討しています。検討項目として押さえるべきポイントについて教えて下さい。

POINT 病院の建替えに係る基本構想を立案する際には、足元の動向を踏まえつつ、中長期的な地域の需給環境を客観的なデータから見極める必要がある。

多くの地域では現在の病床機能と規模を維持することが難しい可能性があり、次世代の経営者の意向も取り入れ、聖域を設けず検討を進めることが重要である。

加えて、竣工までに計画変更を余儀なくされる事態に遭遇しても耐えられるように保守的な姿勢での計画検討が求められる。

A ....

1980年代において病院の新規開設が相次いだため、建替え時期を迎えている、あるいは迎える病院が増加しています。建物がリニューアルされることは、職場環境、療養環境の改善に繋がります。そのため、経営者は、建替え検討を積極的に進めたい意向があります。

しかし、108ページで触れたように、投資環境の悪化に伴い、建替えを機に経営が悪化するケースが散見されています。経営者としては、前向きな姿勢で検討しつつも、慎重な経営判断が求められます。

基本構想は短期的、中長期的視点の両面から多角的に検討する必要があります。とりわけ、人口構造の変化と将来見通しを踏まえた病床機能

160

と規模の見直し要否の検討は最も重要です。現経営者の多くは建替え後にリタイアすることから、次世代の経営者も交えつつ、客観的データに基づき検討を進めるようにしましょう。本節では基本構想検討時において押さえるべきポイントについて解説します。

1．検討初期においてまず把握するべきこと

　第一に、建替えの投資額と現在の財務状況に基づく投資可能額のギャップを把握しましょう。建築単価は近年高止まりしているため総投資額は増大傾向にあります。福祉医療機構の調査結果を示した図表1をみると、2019年度の平米単価は、上昇基調に転じた2011年度に比べて88％増です（2011年度208千円に対して2019年度は392千円）。

　病院の建替え資金の大半は金融機関から調達することが想定されるため、投資総額が増えるにつれ、借入金が従前に比べ多額になり返済負担が重くなります。

　他面、病院の医業収益の大部分は保険診療であり価格は公定されています。従って、事業者の裁量で投資負担増を顧客（患者）へ転嫁することは制度上不可能です。投資コストの増加による返済負担増を現状の収支で賄えない場合、何かしらの収支改善策を立案・実行することで返済原資を確保するか、返済負担を減らすために投資コストを圧縮するか、またはその両方の取り組みが必須です。

2．現時点における自院の病床機能と規模の「実力」を見極める

　第二に、診療報酬制度の動向を押さえましょう。5（40ページ）で解説したように、近年の改定では、地域医療構想の実現に向け、病床機能の見直し・再編を促す内容が盛り込まれています。急性期では医療・看護必要度の評価方法を見直す等、診療実績に基づく段階的評価がなされ、

図表1　病院建設費の年次推移

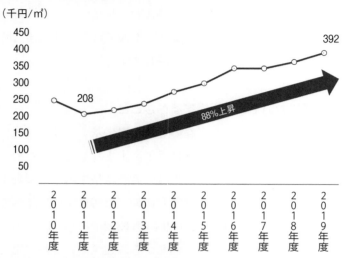

（注）：建築工事費は設計管理費を含む（土地造成費、既存建物解体費、
　　　　仮移転費等は含まない）

出所：独立行政法人福祉医療機構

適宜見直されています。回復期や慢性期でも同様に実績部分により段階
的に評価されています。実績部分が基準に満たなければ入院基本料の見
直し（ランクダウン）、ひいては病床機能の見直し・転換を余儀無くさ
れます。

　入院医療に関する改定の影響は、病院経営においては稼働率の低下と
して表れる傾向があります。患者に不利益のない範囲で稼働を調整する
ことで施設基準を維持しようとするためです。従来の改定方針は今後も
続く予定であり、自院の稼働率の動向を把握し、仮に低下している場合
は制度動向の影響か否かを把握する必要があります。

3．将来における病院機能と規模の「適正」を見極める

　人口構造の中長期的な動向を押さえることは、計画を考えるうえで基本的かつ最も重要です。厚生労働省は2025年（団塊の世代が全て75歳以上人口に該当する年）に焦点を当てて各種制度の見直しを図っていますが、病院運営は2025年以降も継続します。従って、長期的な動向把握に努める必要があります。

　加えて、地域によって人口構造の変化スピードは異なります。2025年を待たずして高齢人口がピークを迎え、既に減少局面に差し掛かっている地域と、東京都心部のように引き続き人口増加が見込まれる地域とでは、計画立案の方針に違いが出ます。人口構造の変化により病院経営がいかなる影響を受けるかを見通し、定量化することは難しい作業ですが、関係者で共通認識を持ち、起こり得る課題を予測し、対応策を協議・合意形成を図る必要があります。

　7（67ページ）で解説したように、多くの地域では、今後、入院医療の需要は確実に減少します。加えて人口構造の変化により、求められる医療機能も変容します。

　つまり、現在の自院の病床機能と規模も果たして維持することが妥当なのかが問われています。現経営者が創業者である場合は、強い思いやこだわりを持っているため機能や規模の見直しは受け入れがたいようです。

　しかし、建替えを、将来の病床機能や規模の適性を見極める機会ととらえ、客観的な分析に基づき、聖域なく検討することが重要です。

4．次世代経営者を基本構想の検討プロセスに参画させる

　ところで、厚生労働省の統計によると6割を超える病院経営者が60歳以上であり、建替えの前後で、多くの病院経営者は交代のタイミングを

迎えます。従って、建替え計画の検討過程に次の経営者候補を参画させるようにしましょう。次世代の意向が反映されない場合、病院の承継に難色を示す懸念があるためです。現経営者と候補者とで医師の専門領域が異なる場合や、ワークライフバランスの考え方の違い、加えて、現経営者が創業者である場合は、病院の運営方針の考え方に大きな違いが出ることがあります。次期経営者候補が決まっている場合は早い段階で病院経営に参画させ、方針の擦りあわせを進めていくことが肝要です。

なお、筆者の経験では、創業者から経営を引き継いだ二代目、三代目の経営者は創業者に比べて客観的かつ大胆な経営判断が可能であることが多いようです。創業者の多くは個人医院から病院に成長させてきたこともあり、特に、病院の規模に対しては強い思いがあります。

他方、二代目以降は、創業者とはまた異なる思いで病院を経営しています。そのため、地域にいかに病院を残していくかという視点で、俯瞰して議論できる傾向があります。次世代の経営者を交えることで、より客観的な検討を期待することができるかもしれません。

建替え計画は職場環境、療養環境の向上に寄与するため前向きに検討すべきテーマです。しかし、病院経営を取り巻く外部環境の動向を踏まえると慎重な検討が必要です。病院は重要な社会インフラであり、安定的な供給体制の維持が求められます。病床機能や規模の見直しも含めて聖域なく検討し、関係者協議、合意形成を図っていくことが必要です。

5．基本構想立案後に注意すべき点

前項までで、建替え検討時における注意すべき点として、計画検討の着眼点を中心に解説しました。しかし、注意すべきポイントはほかにもあります。図表2は筆者の経験に基づく、竣工までに計画の見直しが求められる注意点の整理です。

図表2　建替え計画の検討・実行プロセスに注意点例

計画策定段階 (融資の内定まで)	計画管理段階 (着工まで)	計画実行段階 (着工・竣工〜)

想定される問題点

■ 高騰する投資コストへの対応 ・建築コストの高騰（および既存債務の返済負担）により、無理のない事業計画の立案に苦慮する。 ■ 計画策定体制の不備 ・事務局は通常業務に時間を割かれながらの対応となるため推進力に課題が生じる。 ・必要な人員を巻き込んでいないため現場課題の集約が限定的となる。	■ 業況の変化・取組施策の条件変更によるベース収益低迷 ・足元の業況が悪化することによりベース収益が低下する。 ・計画に盛り込んでいた取組事項の条件が変わり施策の実行性に疑義が生じる。 ■ 追加的なコスト計上 ・計画検討の時点更新による支出上振れ懸念。 ・当初想定（あるいは検討）していなかった投資コスト。	■ 工事期間中の収支低迷 ・振動や悪臭により稼働が想定されていた以上に低迷する。 ■ 移転・引越し時期の収支悪化 ・移転・引越しコストが過大となる。 ・引越しを想定した事前準備のために稼働が停滞する。 ■ 竣工後の立ち上がり低迷 ・人員確保等が進捗せず稼働の立ち上がりが低迷する。

■ 計画の周知浸透・法人内部予算への落とし込み不足
・経営幹部・現場責任者への理解が十分でないことによる進捗管理の遅れ。
・外部向け計画と法人予算との整合性がとれていないことによる進捗の乖離。

対処策

計画見直し・関係者説明（必要の都度）

●計画変更・見直しの要因分析　●追加施策の検討・計画への落とし込み
●外部（金融機関）／内部（理事会等）説明

出所：YCG作成

　建替え計画は数十年に一度の経営イベントであり関係者が十分に経験を積んでいるケースは稀です。加えて、竣工まで長期に及ぶため、検討初期における前提条件や想定していた目論見が、時を経過するに従って変更を余儀なくされることは往々にして生じます。その都度、計画の見直しの要否を検討し、対応策を協議し、関係者への説明が必要になります。

　さらに、診療報酬改定の影響を精緻に予測することは困難であり、建替え計画には不確実性が常時付き纏います。計画検討段階において全てを予見することは不可能であるため、計画変更へ耐えられるようバッフ

ァを一定程度織り込んでおくという観点も重要です。

　つまり、保守的に計画を作ることです。先述したように、投資環境の悪化に伴う調達額の増加により、建替え計画にストレッチ目標を設定せざるを得ないかもしれませんが、計画変更のリスクが内在していることを認識し、慎重に判断することが必要です。

20 医療法人が介護事業に参入する際の注意点は？

Q 医療法人が高齢者住宅や有料老人ホーム等といった居住系の介護事業に参入するケースが増えています。その際に注意すべき点があれば教えて下さい。

POINT 医療法人が居住系サービスを展開する際、以下の4点に注意が必要である。

① 医療法人が母体であるという付加価値に安住せず、丁寧に顧客ターゲットを設定する必要がある。

② 高齢者住宅事業や居住系の介護事業は、事業者が決定できる利用料があり、価格設定に注意する必要がある。

③ 介護事業は一般事業会社と競争するため、マーケティングの要素が医療に比べて求められる。

④ 医療と介護における組織構造の違いを認識する。

A ●●●●●●●●●●●●●●●●●●●●●●●●●●●●●●●●●●●●●●

医療と介護の連携の重要性は近年高まっています。診療報酬・介護報酬双方において、連携を促す仕組み・体制に対して次々に評価がなされている状況を鑑みると、引き続き、この動きを推進させようとする行政側の意図が見て取れます。

医療と介護との連携体制構築において、医療法人はキープレイヤーであると言えます。医療施設に加えて、一部を除く介護サービスを自ら展開することができるからです。医療法人が介護サービスを展開すること

で、自法人内で連携体制を構築できます。医療と介護は連続的、一体的に提供されるべきサービスであり、一見すると、医療法人が運営する介護事業には競争優位性があります。しかし、介護事業の経営に苦慮している医療法人が散見されます。本節では、医療法人が居住系サービスを企画・運営する上での注意すべき点について解説します。

　医療法人の介護事業経営の留意点を図表1で整理しました。一つずつみていきましょう。

　なお、本節で触れる居住系サービスとは、有料老人ホームやサービス付き高齢者向け住宅のことを指しています。

図表1　医療法人の介護事業経営の留意点

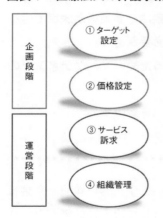

・高齢者といっても多様であり丁寧なターゲット顧客の設定が必要。
・しかし、医療法人が母体という安心感が付加価値になると考え安易に企画を推進してしまう懸念。

・医療法人は保険診療事業が主要であり、保険診療は価格が公定されているため価格設定のノウハウがそもそも不要。
・従って、有料老人ホームやサ高住といった、料金設定で裁量があるサービスにおいて「値決め」を見誤るケース。

・「患者は（過去は）待っていればくる」という意識が残っている。
・加えて、医療法人が運営するので安全、安心と思ってもらえるだろうと判断。
・上記よりサービス訴求が弱くなる傾向。

・病院組織の構造や論理を介護施設にも当てはめる傾向がある。
・この場合、介護職員と看護職員の関係性が悪くなる懸念。
・病院の人員配置を前提に考える場合、医療対応を要する入居者の受け入れに消極的になる懸念。

出所：YCG作成

1．ターゲット設定における注意点

　医療法人による居住系サービスの注意点は企画段階、運営段階のいずれにおいても指摘できる点があります。

　第一に、企画段階では、利用者（顧客）像を明確化せずに施設および

サービスを設計することによる空室リスクです。医療法人経営者の中には、高齢者が増加しているから、施設を作れば居室は埋まるだろう、自身の医療機関と近くに作れば利用者は安心するため付加価値になるだろう、等と考え安易に居住系サービスを検討するケースが見られます。

　しかし、実際には、高齢者と一口に言っても健康状態や所得層、世帯類型、自宅の所有形態、価値観等々の違いにより、必要とする間取りや広さ、介護サービスは多様です。利用者像のイメージを固めず、サービスのコンセプトも明確にせず設計すると、ニーズとの不一致により、期待したような成果が得られないことがあります。

２．価格設定における注意点

　第二に、価格設定を見誤るケースです。居住系サービスは通常、家賃や食費、管理費等、保険収入以外の収益を得ることができます。これらの価格体系は、事業者が原則自由に設定できます。と言っても、実際には近隣相場があるため、一定水準を超えると競争力が落ちることになるため慎重な検討が必要です。

　医療法人の本来業務は保険診療中心であるため、サービスの価格を決定する機会が多くありません。診療報酬点数は公定されているため、事業者に価格を決定する裁量がないからです。従って、医療法人は制度的に「値決め」をする機会が少ないと言えます。筆者の経験では、病院に近ければ利用者がより安心感を得られるだろう（付加価値が高いだろう）ということでサービスの価格を相場より高めに設定し稼動が停滞するケースや、反対に、設備面を充実しながらも、料金を近隣相場に合わせたため、高稼働でありながら業況が芳しくないケース等様々見受けられます。当然ですが、通常、事前に周辺調査（マーケティング）を行い利用者像のイメージを固め、集客見込みを推計し、収支シミュレーショ

ンを行う必要があります。

　しかし、上記のような理由により、事前検討が十分ではないケースが散見されます。医療法人が行う居住系サービスは附帯業務であり、本来業務に支障のない範囲でのみ行うことができますが、本末転倒にならないよう注意が必要です。

3．サービス訴求（営業や販促活動）における注意点

　運営を開始した後においても注意する点があります。一例を挙げると、利用者獲得に向けたサービス訴求が弱いという点です。

　例えば「営業」についてです。先に触れたような理由から、医療法人は、積極的に利用者を確保する視点が弱い傾向があると考えられます。介護事業は株式会社等も開設・運営することが可能であり、医療事業に比べて競合環境は厳しく、より外部関係者に自施設をアピールし、利用者獲得に向けた各種活動が必要です。すなわち、待ちの姿勢からの変化が求められます。

　医療法人が運営する居住系サービスは、緊急時や状態悪化した際の医療的なサポートが得られやすいため利用者の安心感に繋がる、という点は確かにメリットです。

　しかし、だからと言って、近隣関係者への周知活動・広報活動を怠ると、集客が思うように進まないことが往々にしてあります。自施設の特徴・強みのアピール、対応可能な処置・疾患の範囲、緊急時の対応体制等の構造面の周知や、空室が発生した場合の案内等、開設後も適宜情報発信する機会を作り外部関係者との接点を持つことが必要です。

　加えて、ホームページや口コミ等利用者が直接情報を得ることで自施設を認知し、興味を持ち入居相談に来られるケースもあるので、そういった観点でのマーケティング活動も検討の範囲とすべきでしょう。

４．組織管理における注意点

　組織管理においても病院との違いを認識することが必要です。病院の組織は、診療部門（医師）を頂点とするピラミッド構造と言われます。加えて看護部門は、病院組織では最も多くの職員数を抱える一大部門です。

　他方、介護施設の組織は病院に比べてフラットであり、最も多い職種は介護職です。医療施設と介護施設では、組織構造や職種構成が異なるため病院組織とは違った組織管理が求められます。

　もし、病院で働いていた看護師が介護施設に転籍したとして、病院における組織管理を前提にして業務に従事した場合、他職種の職員との間に摩擦が生まれる懸念があります。病院と介護施設では組織管理や業務分掌が異なるためです。病院で看護師が担っていた業務内容や介護職との役割分担は、介護施設でも同様、ということではありません。にもかかわらず、病院組織における考えを持ち出して介護施設に適用しようとすると周辺職員との軋轢を生むことになるので注意が必要です。

　医療法人による介護サービスは、地域の介護の提供体制の一翼を担う重要な存在です。

　しかしながら、医療法人は、その本来業務に関する各種制度を前提とした事業運営に慣れているため、より裁量性のある介護事業の企画・運営に必要なノウハウが法人内に蓄積されていないケースが多いと見受けられます。

　従って、高齢者が増加するから介護サービスは有望である、などと安直に考えず、慎重に検討・運営を進める必要があります。

Q 地域医療連携推進法人制度（以下、連携推進法人）の活用を検討しています。最近の動向について教えて下さい。

POINT 連携推進法人は地域医療構想の達成に向けた推進手段として創設された。将来の医療需要の変化に適した医療提供体制を整備するため、医療機能の分化と連携を果たす器としての役割が期待されている。

　先行事例において、連携推進法人を活用した取り組みにより参加法人が経営的なメリットを享受するケースが報告されている。なお、連携推進法人特有の「病床の融通」が活用されたケースはごく稀であり、実務面で課題があると見られる。

　ところで、病床の融通以外に想定されている取り組みは連携推進法人でなくても実施できることが多い。どのように本制度を活用するか、その目的意識が重要であるとともに、誰が主導して制度設計を進めていくかが問われる。

A ・・・

1．地域医療連携推進法人制度とは

　近年、地域医療の再編を制度的に推し進めようという動きが見て取れます。例えば2017年4月に創設された地域医療連携推進法人制度です。関係者の協力関係をベースにして病院間の医療機能を分担し、相互に連携することで変容する医療需要に対し、地域全体で最適な医療提供体制を構築していく（地域医療構想を達成する）ことを目指して作られた制

度です。

図表1　連携推進法人制度の概要

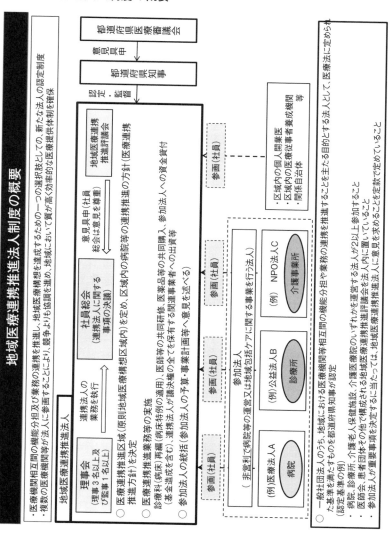

出所：厚生労働省

図表1は連携推進法人の概要を示しています。

　地域の医療提供体制の最適化に向けた取り組み（医療連携推進業務）を目的とする一般社団法人のうち、医療法に定められた基準を満たした上で、都道府県知事の認定を経て連携推進法人となります。

　連携推進法人に関する事項の決議を行う社員総会にて議決権を有する社員は、「病院を開設する法人」であれば参加資格があり、医療法人以外の法人格（社会福祉法人、公益法人、学校法人、地方独立行政法人等）も該当します。また、「介護事業その他の地域包括ケアシステムの構築に資する事業」に関する施設や事業所を管理、運営する法人（ただし営利を目的とする法人は除く）にも参加資格があります。

　つまり、医療機関のみならず、介護事業を営む法人、個人にも参加資格があるということです。連携推進法人が、介護との連携も図りつつ、地域医療構想の達成に加えて地域包括ケアシステムの構築にも寄与することを期待しているようです。医療および介護の提供体制を地域という「面」で捉え、最適化に向けた変革を、多様な関係者を巻き込み推進していくことが想定されています。

　連携推進法人は2020年10月現在で20法人認定されています。図表2は連携推進法人の認定状況を示したプロット図です。

2．連携推進法人の特徴

　地域医療構想の達成に向けた取り組みは医療連携推進業務と呼ばれています。例えば以下のような業務が想定されています。

・医療従事者の資質の向上を図るための研修や施設基準の維持・向上に資する人事交流
・医薬品、医療機器等の共同購買や使用医薬品・材料等の標準化（地

図表 2　連携推進法人の認定状況（2020年10月現在）

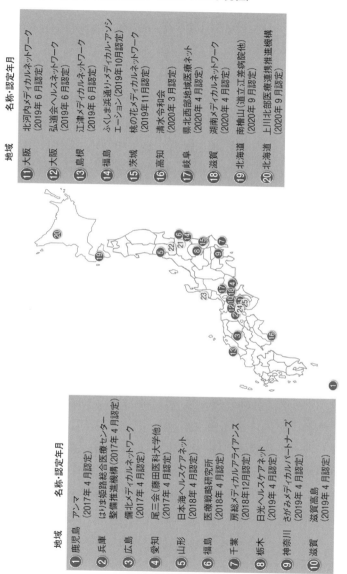

地域	名称・認定年月
⑪ 大阪	北河内メディカルネットワーク（2019年6月認定）
⑫ 大阪	弘道会ヘルスネットワーク（2019年6月認定）
⑬ 島根	江津メディカルネットワーク（2019年6月認定）
⑭ 福島	ふくしま浜通りメディカルアソシエーション（2019年10月認定）
⑮ 茨城	桃の花メディカルネットワーク（2019年11月認定）
⑯ 高知	清水令和会（2020年3月認定）
⑰ 岐阜	県北西部地域医療ネット（2020年4月認定）
⑱ 滋賀	湖南メディカルネットワーク（2020年4月認定）
⑲ 北海道	南檜山（道立江差病院他）（2020年9月認定）
⑳ 北海道	上川北部医療連携推進機構（2020年9月認定）

地域	名称・認定年月
❶ 鹿児島	アンマ（2017年4月認定）
❷ 兵庫	はりま姫路総合医療センター整備推進機構（2017年4月認定）
❸ 広島	備北メディカルネットワーク（2017年4月認定）
❹ 愛知	尾三会（藤田医科大学他）（2017年4月認定）
❺ 山形	日本海ヘルスケアネット（2018年4月認定）
❻ 福島	医療戦略研究所（2018年4月認定）
❼ 千葉	房総メディカルアライアンス（2018年12月認定）
❽ 栃木	日光ヘルスケアネット（2019年4月認定）
❾ 神奈川	さがみメディカルパートナーズ（2019年4月認定）
❿ 滋賀	滋賀高島（2019年4月認定）

出所：厚生労働省のデータを基にYCG作成

域フォーミュラリー）

・病病（または病診、医介）連携
・参加法人への資金の貸付け、債務の保証および基金の引受け（ただ
　し、社会福祉法人のように、外部への貸付が認められていない法人
　等は除く）
・医療機関の開設や病床の融通

　先行している連携推進法人へのアンケート調査によると、上記の取り
組みの結果、概ね期待通りの効果が得られている模様です。医薬品の共
同購入や購買力が増大することによる交渉力の強化が図られ、コスト削
減に繋がったケースや、使用する医療材料の統一化により価格交渉力を
優位に進めることができるようになったケース等、経営的なメリットを
享受できていると見られます。連携推進法人化により認知度が向上し採
用に寄与した、という事例もあるようです。
　ところで、上記業務の多くは、実は、連携推進法人でなければ実施す
ることができない、ということではありません。更に言うと、医療法人
を中核とする民間グループでは複数の法人運営における管理機能を集約
し、医療連携推進業務で想定されている取り組みを既に行っているとこ
ろもあるようです。
　ただし、病床の融通は連携推進法人特有の制度です。病床の融通とは、
地域医療構想の実現に資するならば、病床過剰地域においても、一定の
条件をクリアした上で、参加法人間での病床の変更（増床）が認められ
るという制度です。
　１（２ページ）で解説した通り、病床過剰地域において病院の新設や
増床は原則認められません。しかし、連携推進法人に参加する法人間で
あれば、目的や条件と合致する場合において、融通による増床（または

病院の新設）が制度上可能です。いわば制度的にM＆Aが可能となった
と言えるでしょう。しかも、一部の病床を融通することができるとされ
ているため、部分的にM＆Aができるという点も特徴です。事例として
は、山形県にある地域医療連携推進法人日本海ヘルスケアネットの参加
法人である日本海総合病院から、同じく参加法人の本間病院に4床融通
したというケースがあります。

　なお、病床融通で増床する場合、施設基準を満たすためのスペースを
確保できなければ保険診療を行うことはできません。病院新設も同様に
新設用地が新たに必要です。従って、物理的に余裕がない病院はこの制
度を活用することが難しいかもしれません。

　加えて、稼働している病床を融通すれば、融通元の病院は収益が当然
に減ります。しかし、病床融通自体に、損失補填の仕組みはありません。
何かしらの方法で損失を補填できなければ、融通元としては、病床融通
する経営的なインセンティブが生じにくいと言えます。仮に、稼働して
いない病床であるならば補填の議論は生じないかもしれませんが、非稼
働病床（病棟）は、過剰な医療機能であるならば本来的には当該病床を
返上または機能を転換するように要請されます。総じて、運用に改善が
必要とされる制度であると言えるかもしれません。ともあれ、M＆Aの
一つの選択肢であるという点で注目されています。

3．連携推進法人の現況と課題とは

　執筆時点で、連携推進法人の認定数は20法人です。近年、認定数は増
加傾向にありますが、まだまだ普及段階にあるとは言い難い状況です。
この制度が創設される過程においては、数十の法人・地域が検討をして
いるということも言われていましたが、様々な要因によって成立にまで
至っていない、あるいは断念したケースもあるようです。

連携推進法人はいかにして作られるのでしょうか。既存の連携推進法人から傾向を見ていきましょう。

第一に、地域の中核病院（グループ）を中心にしたケースです。大病院や、地域で影響力のあるグループが参加している場合、患者紹介等で連携している医療機関等が紐づく形で参加する格好になっていると見られます。従前の連携関係を更に強固にすべく、また、連携推進法人化による認知度向上効果等を狙ったものと考えられます。既に当該地域において中核的な存在である病院（法人）はその影響力も当然に大きいと思われますので、参加法人も一定数集まるのではないかと見られます。

第二に、地域の共通課題を関係者で認識し、協力に基づき地域の医療を維持、存続させていくことを合意した上で連携推進法人を組成していく動きです。先に述べた類型を大病院型とした場合、このケースは、参加法人に共通する利害に対し、協力して対応する形です。人口減少が先行して進むエリアにおいて認定された連携推進法人の多くはこのケースに当てはまるでしょう。

人口減少は、需要面における問題としては、人口減少によるマーケット規模の縮小、供給面における問題としては、特に山間部や離島に代表されるへき地医療において顕著な問題である、医療人材の不足という問題として顕在化します。そして、これらの問題は、一部の医療機関だけに現れるわけではなく地域共通の課題です。各病院（法人）が単独で取り組むのではなく、地域の関係者が同じ問題認識の下で、協力し知恵を出し合わなければ解決できないほどの難解なテーマです。

人口減少や医療人材の不足は日本全体の共通課題です。しかし、問題の逼迫度や緊急度は地域によって濃淡があります。一般的には、へき地といわれる山間部・離島や過疎地において問題は深刻です。個々の医療機関が独立した運営をしていると共倒れの危険があり、互いの利害を超

えて、あるいは利害を調整して、地域としていかに医療提供体制を維持・存続していくか、競争ではなく協力を主軸とした病院運営が求められていると言えます。そのような問題意識のもとで共通利害対応型の連携推進法人は組成されたと考えられます。

　連携推進法人の組成に向けて主導している病院経営者に筆者がインタビューしたところでは、自身が運営する病院の機能を抜本的に転換し、近隣の別病院に機能を集約した上で、連携による共生を図っていくことを検討されていました。近隣の病院関係者に必要性を訴えかけ、協力と連携による医療提供体制の構築に向けてリーダーシップを発揮されていました。ドラスティックに構造転換をしなければ生き残っていくことはできないという強い問題意識を持ち、大局的な観点から経営判断をされていることに感銘を受けたことを覚えています。

　反面、都市部においてはこれらの問題意識は相対的に希薄であり、共通認識を持ちづらく、互いに連携するインセンティブが低いと考えられます。人口減少が先行する地域に比べて、連携する意義は、自身への経済的メリットの有無との天秤であり、従って大病院型のように主導する病院（法人）がいる場合を除いて、連携推進法人の動きは限定的になると考えられます。引き続き、単独法人でのグループ運営やM＆Aといった手法による再編が主導的になるものと考えられます。

　連携推進法人の制度趣旨は、総論としては反対されるものではないかもしれません。しかし、個々の病院経営者は債務の保証等の責任を負っていますので、関係者の利害が一致しなければ、総論としては理解しつつも、各論で議論が止まってしまうことが往々にしてあるようです。地域全体の共通利害と病院経営の個々の利害関係を調整することができるかどうかが連携推進法人組成のポイントであると考えられます。

医療法人グループにおけるグループ経営の着眼点とは？

Q　医療業界においては再編や統合といった議論が盛んですが、その着眼点について教えて下さい。

POINT　医療業界では、複数の法人が同一（親族）経営のもと、グループとして医療機関や介護施設等を運営しているケースが散見される。
　　しかし、グループ経営を実践し、シナジー効果を十分に享受できていない事例が多い。グループ経営を実践するためにはグループとしての理念を発信し浸透させること、連携を円滑にするための制度設計が重要である。

A ••

1．グループ経営とは

　本節ではグループ経営について解説します。グループ経営とは、一般的には「中核となる親会社を中心に、資本関係にある子会社や関係会社等が統一的な意思決定を行うことにより、企業集団（グループ）全体の目的を実現していくための経営方法」を指します。複数の企業を一体的に経営することにより相乗効果を発揮し、経営効率を高めることが狙いです。

　医療法人や社会福祉法人等は資本関係という概念が想定されていません。しかし、資本関係の有無に関わらず、医療法人等の経営者は、関連する法人をグループとして設立し、一体的に運営するケースが多く見ら

れます。

　例えば、MS法人や社会福祉法人、学校法人、財団（または社団）法人等を、母体とする医療法人との関連で設立・運営し、医療サービス以外にも介護・高齢者福祉や障がい者福祉、保育・教育および周辺事業等を一体的に提供しています。資本関係はありませんが、各法人のマネジメントは同一人物もしくは同族関係者等にて行い、ヒト、モノ、カネといった経営資源の活用・配分を統合的に行っています。

　加えて顧客（患者、利用者、学生等）を、グループ内に留めるために情報交換や連携を行う等、相乗効果を狙った事業活動を展開しています。これら一連の活動は、資本関係の有無に関わらず、広義の意味でグループ経営を実践していると言えるでしょう。複数の医療法人を有し、グループと称して運営する組織もグループ経営に該当する事業活動を行っていると見られます。

2．グループ経営の制度的枠組み──地域医療連携推進法人

　更に解釈の幅を広げると、医療業界において近年注目を浴びている地域医療連携推進法人制度もグループ経営の一形態です。加えて、社会福祉法人制度においても議論されている「社会福祉連携推進法人」も同様にグループ経営の効果を期待しているとみられます（**21**（172ページ）、**参考**（191ページ））。

　制度創設の背景には、2025年以降に見込まれている労働力不足があります。来たる問題に対応するため、生産性の向上が必要であると指摘されています。厚生労働省は「経営の大規模化・協働化」を改革の取り組みの一つとして掲げています。各種調査結果によると、規模拡大による経営効果（職員1人当たりの収益性が向上する、職員1人当たりの賃金が上昇する等）は医療・介護業界にも当てはまるようです。

他面、医療・介護業界においては、大半の事業者は、事業規模が小さいため非効率である、ということが業界課題として指摘されています。顕在化しつつある労働力不足の打開策として、規模拡大を制度的に推し進めようと創設されたのが地域医療連携推進法人です。

　なお、地域医療連携推進法人は、資本関係はもとよりマネジメントも同一グループで構成されていないため、グループとしての強度は、狭義の意味でのグループ経営に比べると弱いと思われます。

　ともあれ、医療・介護業界において、制度的にグループ経営という経営手法を推し進めようという動きが見られます。根拠法の異なる法人格を複数運営している経営者は、グループ経営の効果が期待通り発揮されているか点検してみるといいかもしれません。なぜならば、次項で述べる通り、筆者の経験によると実態としては課題が散見されるためです。

　なお、本節においては、同一人物または同族関係者で経営される、根拠法が異なる複数の法人格で構成されるグループ（医療業界におけるいわゆる法人グループ）を対象としたグループ経営の現状と課題について解説します。

3．グループ経営の現状と課題

　前項では、グループ経営の実践による期待効果について解説しました。しかしながら、実際には経営者の狙い通りになっていないケースが多いのではないか、と筆者は考えています。グループ経営の改善余地のある事例に遭遇することが多いためです。理由は大きく2点あります。

　第一に、グループとして一体的に運営する方針を打ち出しメッセージとして職員に発信していないため、グループという連帯感や帰属意識を職員が持つことができていないことがあります。この場合、日々の事業活動において関連法人と積極的に連携しよう、情報交換しようという動

きに結び付きません。

　極端に言うと、他の第三者が運営する法人と同等程度の関係性という認識に留まることもあります。利用者の利便性を考えると、近くの事業所や施設を利用すべきという判断は現場レベルで行われることは通常ありえるため、自然発生的にグループ内連携が実践されることがあります。職員が自発的、草の根的に日々の業務改善を目的として横断的な会議を催すこともあります。

　とは言え、経営効果を狙った意識的な活動ではないため改善する余地は多々あると見られます。経営者は一体的な運営を目指してグループ法人を設立しますが、グループという冠があれば連帯感が生まれ、一体的な運営がなされるわけではありません。まず、職員交流や横断的な人事異動等により風土づくりを促進し、更には、効果を生み出す仕掛けづくり（制度設計）が必要です。

　第二に、組織や経営管理における制度設計についてです。まず、（グループ）本部組織を創設し専担の職員を配置することがポイントです。加えて、本部が機能発揮できるようにインフラ整備を行う必要があります。

　詳細は割愛しますが、経営管理の権限範囲を整理し、集中と分散（権限移譲）を行う、顧客・職員情報データベースの作成と共有を行う、人材採用や異動、出向、研修交流といった人事制度、評価制度の統合的運用を行う等を検討し、整備していく必要があります。

　患者・利用者は、グループの一体的運用からくる利便性や安心を期待していますので必要の範囲内で相乗効果を狙った連携は有効です。

　しかし、グループとしての連帯感を生む組織づくりは自ずと進むわけではありません。経営者が、グループ共通の理念を絶えず発信し一体感を形成、維持し、連携を促進する組織設計がなされてはじめて意図した

効果が生まれるものと思われますので、自法人の状況について一度確認してみるといいかもしれません。

4．グループ経営の効果発揮に向けて

　以上、グループ経営を取り巻く現状と課題についてみてきました。まずもって、関係者がグループ経営の目的・意義を理解することが必要です。

　次に、職員が、各法人に所属しつつもグループにも属しているという認識を持つことができるように、経営者が継続的にグループ理念やグループ目標を発信し、グループとしての一体感を醸成し維持することが重要です。

　そして、交流できる場づくりや仕掛けを作り組織文化の形成を促す必要があります。その上で、グループ経営に貢献することを促進する経営管理制度を設計し、相乗効果を発揮する事業活動への動機付けを行います。

　グループ経営は手段であり患者の「囲い込み」等が目的ではありません。グループ経営を行うことが、各法人の対象とする顧客（利用者）への満足度向上に繋がらなければ職員の納得は得られず、期待したような効果は得られない可能性があります。地域に必要な法人グループとしての経営基盤を確立するためにもグループ経営効果を発揮し、きたる労働力不足に対応できるよう取り組んでいくことが重要です。

23 グループ経営の実践のポイント

Q 医療法人と社会福祉法人のグループ経営実践のポイントについて教えて下さい。

POINT
医療法人を母体として社会福祉法人等が参画する法人グループは数多見られる。グループとして一体的に運営できていないケースにおいては法人統合により改善を図ることができる。

法人格が異なる統合は行政手続きが煩雑であり、統合趣旨と効果が明確でなければならない。そして、なによりも経営基盤の安定化に資することで、地域医療・福祉への貢献に繋がることがクリアでなければならない。

A ・・・

　Q23ではグループ経営とはなにか、そのメリットと課題について説明しました。本節では事例を通じて、グループ経営の実践に向けたポイントを解説します。

1．事例の概要

　人口減少の進む地方都市においては、医師や看護師、介護職員の確保・維持は極めて重要な経営課題です。医療法人D会においても例外ではなく、医療法人の経営者は、構造的に医師採用・確保が難しくなることを見越して、医師のパフォーマンスに依存する事業からの転換を図ろうとしていました。つまり、医師に頼らない事業の比率を高めるということです。具体的には介護施設や居住系の事業への進出・拡大です。

老健等の介護施設を開設することはできましたが、近隣に同じタイミングで介護施設が建設されるという、当初想定していなかった事態が発生しました。そのため、職員確保が思うように進まず、苦境が続いたため資金繰りに窮する状態に陥いることとなりました。

図表1　事例概要

名称	医療法人D会		社会福祉法人E会
所在地	人口10万人以下の地方都市		
運営施設	● 医療事業 ・病院（療養）　100床 ※介護医療院に一部転換 ● 介護事業 ・老健、有料老人ホーム、 　グループホーム　等	類似・重複	● 介護事業 ・特養、グループホーム、通所介護　等 ● その他事業 ・保育園、障害者施設等
財務概要	医業収益　　　　約10億円 医業利益　　▲5,000万円		サービス活動収益　　　約20億円 事業活動収支差額　　3,500万円
現況と課題	新規事業の借入が過大かつ事業の立ち上げの遅れにより資金繰り逼迫。 医師不足。 関連社福との機能が類似、一部重複。		医療法人の理事長が設立者の社福。 規模拡大に伴い業況安定傾向。 職員確保・維持に向け処遇の向上等が必要であり、さらなる規模拡大を志向。

出所：YCG作成

一方、医療法人の理事長が設立に携わった社会福祉法人は業況拡大、安定傾向にあります。ただ、医療法人と同一地域で運営している以上、人材確保および維持が構造的課題であることは共通です。経営者は、更に法人規模を拡大し、地域における確固としたポジションを確立するとともに、規模拡大による財務体質の強化をテコにした職員の処遇改善（給与アップ）を図り、課題を克服することを考えていました。

本事例の医療法人と社会福祉法人はグループですので、各種連携は円滑であると想定できるかもしれません。しかし、実際には現場実務において問題が散見されました。グループとしての連帯意識が、現場職員に

おいては希薄であり、第三者が運営する施設等と同程度の連携関係に留まっている懸念がありました。むしろ、半ばグループとして謳っているために弊害が生じていることもあったようです。

　つまり、グループという認識共有とグループ経営の実践による職員および患者・利用者へのメリットが十分に浸透していないため、相乗効果が発揮されていない状態であったと言えます。

　本事例に限らず、医療法人グループの経営者および経営幹部は、グループ一体という認識のもと、相乗効果の実現に向けた取り組みを現場に促しているはずです。しかし、現場職員には、そもそも、グループとしての認識が浸透していないケースが散見されます。グループ経営の実践には、経営者と幹部だけでなく、現場の職員に対しても理念を浸透させることがまずもって必要です。理念が浸透していない状態では、期待していた相乗効果は十分には得られないでしょう。

　本事例に戻ると、先に触れた問題意識を強く認識していた経営者は、将来的にグループを一体化することを展望していました。筆者は、経営者の構想を実現するため、医療法人と社会福祉法人の事業統合に係る各種実務をサポートすることになりました。

　ところで、医療法人と社会福祉法人は根拠法が異なるため合併という手法が現時点では用いることができません。従って、医療法人の事業を社会福祉法人に譲渡する方法で統合実務を進めることができないか、厚生労働省や所轄官庁の担当部署へ相談しつつ進めることとなりました。

　なお、行政手続きとしては施設の廃止と開設に関する各種申請、届出を同時に行い、施設運営を途切れさせることなく継続できるように進める必要があり、担当部署の協力と理解が必須です。

　ところで、病院の病床は、譲渡する以前において、2018年度介護報酬改定で創設された介護医療院へ転換していました。E会の病院の一部病

床は医療療養でした。そして、この病床は基準病床制度に基づく総量規制の対象になります。事業譲渡は病床の新規開設許可を伴うため、当該医療圏が病床過剰地域であることから新規開設の許可を得られない懸念がありました。従って、医療法における総量規制の影響を受けない事業類型に転換することを検討したという経緯です。

　病院をはじめとする譲渡対象の事業の多くは新規開設に許可が必要です。そして、本ケースのような事例で許可を得るには行政担当部署の理解が必須です。行政の担当者は、今回の統合が社会福祉法人の行う事業にプラスになるのか、ひいては地域福祉の増進に寄与する取り組みであるのかという観点から判断します。

　加えて、社会福祉法人経営を脅かす心配はないか、経営基盤の強化に繋がるのか、という点からみて妥当かどうかを検証します。

　つまり、社会福祉事業の担い手である社会福祉法人が健全に経営を維持することができるかどうかが重要です。そして、本事例はまさにその観点からみて妥当であり、社会的に意義のある取り組みでした。

　結果として、社会福祉法人は医療法人で運営していた大部分の事業を社会福祉法人に譲渡することができ、同一法人において多様なサービスを提供することが可能となりました。

　従前、社会福祉法人の運営する施設において、職員配置に見合わない状態の利用者を受け入れる必要が度々発生していたため、業務負荷が重くなっていました。今回、医療法人の事業が加わり、利用者の状態に応じた施設サービスの提供が可能となりました。

　これによって、職員、利用者双方にとって、より安心できる体制が確保できます。特に、介護医療院での受け入れた方がよい患者・利用者が実態的には多かったため、過度な業務負荷を軽減する事が期待でき、中期的には職員の定着率の向上に繋がることが見込めます。

図表2　法人統合・改善イメージ図

・同一法人内での施設間連携が円滑に進むことにより患者・利用者に対して最適なサービスを提供することができる
　→適切な施設での受け入れ促進による職員の負荷の軽減
・職員に対して多様な働き方を用意することが可能
・規模拡大によるブランド力の向上が期待される
・規模拡大および施設効率の向上により財務体質を強化
　→職員への還元により定着率の向上、採用力の向上

（メリット）

・統合趣旨が制度環境・外部環境の方向性に沿っているか
・所轄官庁や債権者等、外部の関係者への説明
・職員および患者・利用者への説明

（ポイント）

出所：YCG作成

　法人規模の拡大は地域におけるポジションの向上にも繋がる可能性があります。つまりブランド力の強化というメリットも享受できるかもしれません。また、法人規模の拡大と事業の多角化による相乗効果を実現することで財務体質の更なる改善を見込むことができれば、職員給与へ還元することも可能です。総じて、職員採用力の強化に繋がることも期待する事ができます。

　なお、医療療養対象の患者も引き続き受け入れる必要性があったため、病床規模を縮小しつつも、医療療養主体の「病院」を医療法人にて存続、運営しています。

　医療療養を維持しつつも規模を縮小することで施設基準を引き上げつつ、医療処置を必要とする、あるいは必要とすることとなった患者の受け皿を維持することができるようになりました。

　以上、グループ経営の実践事例について見てきました。繰り返しになりますが、グループとして運営することを目的として、複数法人を展開

している場合においても、実は、課題が様々生じていて、狙ったような成果が実現できていないケースは数多あります。

　患者・利用者は、通常、グループの一体的運用からくる利便性や安心を期待しています。従って、必要の範囲内で相乗効果を狙った連携は患者・利用者満足度の観点でも有効です。

　しかし、グループと謳ったからと言って、連帯意識を生む組織づくりは自ずと進むわけではありません。経営者が、グループ共通の理念を絶えず発信し、一体感を形成、維持し、連携を促進する制度設計がなされて、はじめて意図した効果が生まれるものと考えられます。

参考　社会福祉法人制度について

社会福祉法人は社会福祉事業を行うことを目的として、社会福祉法の規定に基づき、行政の認可を受けて設立される法人です。全国に20,872法人[1]あり、法人制度の分類上、民間の非営利組織として位置づけられます。

ここでは社会福祉法人制度に関する最近の動向について解説します。

社会福祉事業の多くは「人」に対してサービスを提供する事業であることから、人口増減の影響を受けます。今後、多くの地域では人口減少が見込まれているため、利用者数の減少に加え、職員確保も難しくなると想定されます。

社会福祉法人は事業規模が小さい法人が多く（図表1）、従前より、経営効率化や人材確保の観点から、大規模化や複数法人による協働化を図る必要があると指摘されています。

厚生労働省は、社会福祉法人の大規模化や協働化の促進に向けた手引きを作成し普及啓発を図っています。加えて、福祉医療機構が社会福祉法人の合併等に必要な経営資金の融資制度を開始する等、社会福祉法人の組織再編を促すための施策が整備されています。

しかし、社会福祉法人の合併は年間10件から20件程度で推移する程度に留まり、再編が進んでいない状況です。厚生労働省の検討会によると、再編が進まない理由として、株式会社のように会計処理に規定が定められていないことや、株式会社と異なり、譲り受け先を見つけることが困難であること、事例が少ないことから許認可を行う所轄庁が合併等の手続きに疎いことが指摘されています。

※1　厚生労働省「平成30年度福祉行政報告例」

図表1 サービス活動収益でみた規模別法人割合

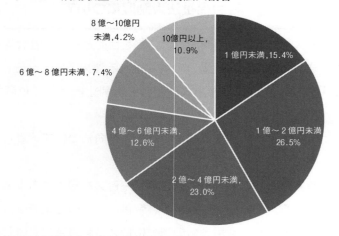

8億〜10億円
未満,4.2%

10億円以上,
10.9%

1億円未満,15.4%

6億〜8億円未満,7.4%

4億〜6億円未満,
12.6%

1億〜2億円未満,
26.5%

2億〜4億円未満,
23.0%

出所:厚生労働省「社会福祉法人の事業展開等に関する検討会（第1回）」の
データを基にYCG作成

　こうした背景を踏まえ、厚生労働省に各種検討会が設置され、社会福祉法人の事業の大規模化・協働化の促進するための議論が進んでいます。大規模化・協働化の促進策の一つとして、2020年6月、地域共生社会の実現のための社会福祉法等の一部を改正する法律が公布され（施行は公布の日から2年以内）、社会福祉法人の連携推進を目的とした社会福祉連携推進法人（以下、「連携推進法人」という）制度が創設されました（図表2参照）。連携推進法人は、医療法改正で創設された地域医療連携推進法人制度の社会福祉分野版といえます（**21**（172ページ））。

　連携推進法人制度は、「社会福祉協議会や法人間の緩やかな連携、合併、事業譲渡しかなかった社会福祉法人間の連携方策に、社会福祉法人の自主性を確保しつつ、連携を強化できる新たな選択肢とすること」を目的としています。以下、連携推進法人に関する議論の内容と期待される効果について解説します。

図2　社会福祉連携推進法人のイメージ

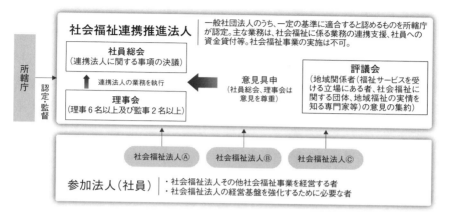

出所：厚生労働省のデータを基にYCG作成

　連携推進法人の業務内容は、人材育成や採用活動の共同実施（連携推進法人による労働者の委託募集）による福祉人材不足への対応や本部業務の集約・設備の共同購入等の経営支援、資金の貸付等が想定されています。社会福祉法人は法人外への資金流出が禁止されていますが、連携推進法人を介することで連携推進法人に参加する社会福祉法人間で資金の貸付が可能となる見込みです。貸付時には所轄庁の認定が必要であるものの、法人間における資金融通が実施できるようになります。

　連携推進法人の活用が効果的なケースとして、同じ地域において複数の法人（医療法人や社会福祉法人）を運営しているグループ法人による活用が考えられます。グループ法人であってもグループと称しているだけで、一体的な運営が実施できていないケースが見られるためです（**22**（180ページ））。連携推進法人への参加を契機として、資金活用の自由度が高まることや法人本部業務の集約等の実務面に加え、法人間の職員交流や人事異動を行うことにより法人・職員間で一体感が醸成されること

が期待されることから、グループ一体的な事業運営が円滑に進むことが考えられます。

　以上、社会福祉法人の大規模化や協働化に関する手法の一つとして制度化される連携推進法人についてみてきました。合併等以外の、各経営主体を維持した形での協働化手法を活用することで統合効果を実現することが期待されています。

　近年、社会福祉法人制度に関する政策的な議論が盛んにおこなわれています。人口構造の変化および人口減少は社会福祉法人経営における共通課題であり、いかに諸課題に対応していくか、という厚生労働省の強い危機意識がみてとれます。

　社会福祉法人には財務の健全性および安全性が強く求められます。それゆえ、単独法人での経営によらず複数法人での経営を視野に入れた選択肢がより一層求められることになると考えられます。

経営戦略編チェックシート

☐　病院の利益率は2010年以降低下傾向にあり、特に、一般病院の利益率は低水準で推移している。要因としては、人件費比率の上昇にあり、職員数、給与単価いずれの側面においても病院経営を圧迫している。

☐　介護事業は病院に比べると一見して利益率が高い。しかし、倒産件数は上昇傾向にあり、景況感としては厳しいのが実情である。

☐　病院の事業性評価を行う際のフレームワークとして3C分析に協力者（Co-Operator）を加えた4C分析が有効である。自社（Company）分析では、ケアデリバリーバリューチェーン分析と各種経営指標のベンチマーク分析による自院の役割と特徴の把握、診療圏（Customer）分析で商圏である診療圏の特定、競合（Competitor）分析では地域の医療機関の動向を踏まえたポジションの把握、また合わせて協力者（Co-Operator）の把握を行うことで前方後方連携先の医療機関や介護施設等を押さえることがポイントとなる。

☐　課題分析には定量面と定性面のアプローチがあり、課題特定の精度を上げるために両方を用いる。改善目標を設定する際は、必ず定量化することが重要である。

☐　地域の需給環境とその将来性に加えて、連携、協力する外部組織（医療機関、介護事業者、行政等）の動向を押さえ、自院が、変容する地域環境においてどのようなポジショニングを取るかを見極めることが求められる。

☐　建替え等の機会は、現在の病床機能と病床規模を前提とせず、健全な病院経営の維持に必要となる適正稼働率の確保に向けた検

討をする絶好のタイミングである。

☐　収支予測を策定する際には、平均在院日数の変化に伴う目標入院件数の見直しや、オペレーションを成立させる人員配置や給与体系の見直しを検討する。

☐　病院の建替えに係る基本構想を立案する際には、足元の動向を踏まえつつ、中長期的な地域の需給環境を客観的なデータから見極める必要がある。

☐　医療法人が居住系サービスを展開する際、以下の4点に注意が必要である。

　①　医療法人が母体であるという付加価値に安住せず、丁寧に顧客ターゲットを設定する必要がある。

　②　医療法人の本来業務は、保険収入が大半を占める制度ビジネスである。加えて、価格は診療報酬制度によって公定されている。一方、高齢者住宅事業や居住系の介護事業は、事業者が決定できる利用料があり、価格設定に注意する必要がある。

　③　介護事業は一般事業会社と競争するため、マーケティングの要素が医療に比べて求められる。

　④　医療と介護における組織構造の違いを認識する。

☐　連携推進法人は地域医療構想の達成に向けた推進手段として創設された。将来の医療需要の変化に適した医療提供体制を整備するため、医療機能の分化と連携を果たす器としての役割が期待されている。

☐　グループ経営を実践するためにはグループとしての理念を発信し浸透させること、連携を円滑にするための制度設計が重要である。

☐　法人格が異なる統合は行政手続きが煩雑であり、統合趣旨と効

果が明確でなければならない。そして、なによりも経営基盤の安定化に資することで、地域医療・福祉への貢献に繋がることがクリアでなければならない。

第**5**章

機能編

24 人事制度見直しの際に注意すべきこと

> **Q** 職員のモチベーション向上や組織活性化に向けた人事制度の見直しを検討しています。見直しの際に注意すべきことを教えて下さい。

POINT
病院の主要な経営資源は「ヒト」であり、いかにモチベーション高く業務に従事してもらうかが病院運営においては重要である。多くの病院は組織活性化を狙って、人事制度の見直しを検討・実行している。

本節では人事制度見直しの運用段階にて実施する「評価調整会議」、「育成会議」および日常的な「コミュニケーション」の重要性について解説する。

A ・・・

1．人事制度見直しの全体像について

　人事考課や処遇（賞与・昇給や昇格）は、職員のモチベーションに非常に大きな影響を与えます。「ヒト」が主要な経営資源である医療・介護業界では、モチベーション管理が組織活性化において重要です。

　病院や介護施設の組織は、多様な資格（職種）からなる専門職家集団です。各職員の自律意識が強く、また、人材の流動性が高いため、組織へのコミットメントを高めることは必須です。

　以上のような背景から、モチベーションアップ、職員の離職抑制や組織活性化を目的とした人事制度見直しの議論が盛んになっています。

　ただ、人事制度とはシステムであり、制度を見直したからといって組

織活性化に直結するわけではありません。制度の運用次第で活性化に成
功することも、失敗することもありますので、新制度導入後の運用方法
（会議体や評価者研修）も含めて設計することを推奨します。

図表1　人事制度再構築の取り組みステップ例

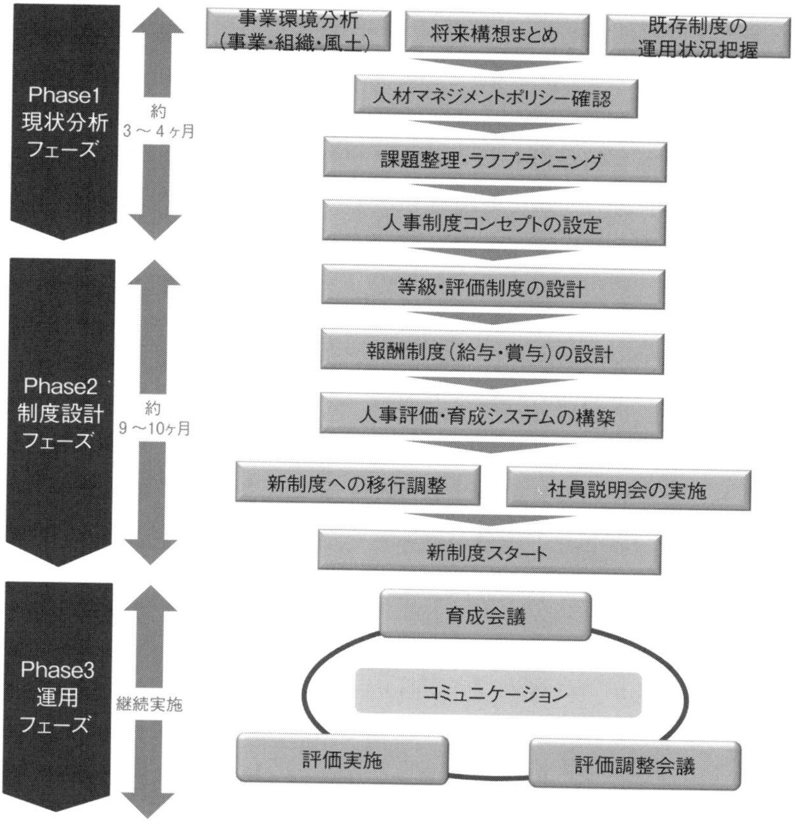

出所：YCG作成

人事制度の見直しは一般的には図表1のように進めます。まず、現状

分析フェーズでは病院の組織風土、既存制度の運用状況を確認し、病院の人材マネジメントポリシーと比較することで、制度上の課題をまとめます。その後、病院が実現したいことをどのように新制度に表現するかを整理し、人事制度コンセプトとして設定します。

　コンセプト設定は、新制度の構想や目的を端的に示すことであり、非常に重要なステップです（実際は経営理念や事業方針についてもコンセプト設計の論点になりますが、本節では割愛します）。

　制度設計フェーズでは、人事制度コンセプトをもとに等級・評価制度、そして報酬制度を設計します。次にこれらの制度を育成に活用するための人事評価・育成システムを構築します。最後に現制度から新制度への移行方法及び運用方法を決定します。

　人事制度を（再）設計した後は運用段階に進みます。筆者の印象としては、民間企業に比べて病院は、評価制度を導入しても年功序列や長期雇用といった、いわゆる「日本型人材マネジメント」という風土が強く残ることがしばしばあります。それゆえ、評価によって処遇にメリハリをつけることを怖がり、標準評価に収まってしまうようです。

　この場合、評価しても結果が似通るため評価をつける意味合いが薄れてしまい、次第に制度が形骸化します。どんなに良い人事制度を再設計しても、人事制度の見直しが失敗するのは、旧態依然とした風土を制度の運用段階で払拭できないことが原因です。評価によって処遇にメリハリをつけることが本来のあるべき状態である、という風土を形成するために、運用段階において職員の意識変革を促すようにしましょう。

２．運用時のポイント①　制度に対する正確な理解

　新人事制度導入後の初年度は、制度変更の成否を決める期間ですので、特に慎重な対応が求められます。初年度における運用のポイントを図表

2に整理しました。一つずつ見ていきましょう。

図表2　新人事制度導入の初年度におけるポイント

	概要	内容
Point1	職員が新たな人事制度を正確に理解すること	・制度改定の背景や趣旨、仕組みに至るまで説明を複数回行い、職員の理解を促すこと ・実際に評価をつけてもらう「プレ評価」の実施は、「評価者」に対する理解促進の有効な方法の一つ
Point2	「評価調整会議」と「育成会議」の実施	・評価調整会議によって、評価の根拠の共有や判断基準の統一化を図る ・部門全体が各職員の状況や成長支援のポイントを共有し、同じ根拠のもとで職員を教育する環境をつくる
Point3	コミュニケーション	・職員にモチベーション高く活き活きと働いてもらうために、日常的にコミュニケーションを取り、相互に信頼関係を構築する ・加えて、コミュニケーションを通して被評価者ができていること、改善が必要なことを等級や評価に照らして指導・育成をすることで、自己評価とのギャップを最小化する

出所：YCG作成

　運用のポイントの1つ目は、職員が新たな人事制度を正確に理解することです。人事制度の改定の内容に関する情報提供は、職員を集めて一度説明会を実施し概要を説明した後、配布した資料に目を通すように促す程度に留めるケースがよく見られます。これをもって、人事担当は説明責任を果たしたと考えているようです。

　しかし、聞き手である一般職員としては、一度の説明で理解するのは難しく、また、日々の業務に追われてしまい資料を読み返す時間が取れません。ともすると、新たな人事制度は何が変わったのか、自身に何が求められているのか、どのように評価されるのかがわからない状態のま

ま放置されます。そして、制度の内容をよく理解できていない状態では、不安が残り、身構えます。

　この期間が長期化すると、職員は、新しい人事制度に対して反発の感情を持ってしまいかねません。

　人事制度導入後の初年度においては、制度改定の背景や趣旨、仕組みに至るまで説明を複数回行い、職員の理解を促すことが必要です。人数を限定した座談会形式で質疑応答をすることも効果的です。

　職員のうち、「評価者」が制度の趣旨や内容を正確に理解することは特に重要です。評価者は役職者であるのが一般的であり、被評価者である一般職員からの質問を受ける立場になるためです。役職者が適切に回答することで一般職員の理解促進に繋がり、不安を軽減できます。

　「評価者」に対する理解促進には、実際に評価をつけてもらう「プレ評価」が有効です。プレ評価では、各評価者に評価対象者を設定し、一定期間における評価を実施します。その後、評価者同士で振り返りや意見交換を行います。

　プレ評価により、評価者は、評価の解釈や着眼点、日々の業務におけるチェックポイントの理解を深めることができます。プレ評価を経験した上司のもとで業務をする被評価者は、自身に求められていること、どのように評価されるのかを、指導を通して理解できるようになります。

　以上の取り組みにより制度趣旨に沿った運用が期待できる素地が整います。

3. 運用時のポイント②　(1)評価調整会議の実施

　運用のポイント2つ目は、「評価調整会議」と「育成会議」の実施です。会議の概要を図表3に整理しました。

図表3　評価調整会議と育成会議の概要

	評価調整会議	育成会議
目的	・評価結果を決定する ・評価の根拠の共有や判断基準の統一化	・期末に当期の振り返りと翌期に向けた育成方針を検討する会議 ・部門全体が各職員の状況や成長支援のポイントを共有し、同じ根拠の基で職員を教育する環境を作る
進め方	① 事務局が評価の内訳・結果を集計して、評価結果を見比べて、評価結果の中で特徴的なケースをピックアップする ② ピックアップした内容は、事前に参加者（一次評価者・二次評価者）に配布する ③ ピックアップされた評価を付けた参加者から、着眼点や判断基準といった評価根拠を具体的な事例を出しながら説明をしてもらう ④ 他の評価者と根拠の妥当性や評価の甘辛について意見交換を行う ⑤ 評価者は意見交換を踏まえて、評価結果の調整・変更を行う ⑥ 会議の責任者（部門長）が評価結果を確定させる	① 各評価者（育成担当者）が評価結果と等級基準に基づいて、各被評価者（対象者）の課題と育成方針についてまとめておく ② 育成担当者から対象者の期初の目標と期末の状態、評価結果を報告 ③ 等級定義を基にした対象者の処遇を検討 ④ 育成担当者が今後のキャリアや改善に向けた指導方針・方法を参加者間で検討し、部門長が育成方針を最終決定する
実施時期・回数	夏・冬賞与の査定時 期末の昇降給査定時	期末（部門計画作成時等） 昇格会議時
参加者	部門単位：1・2次評価、部門責任者 病院全体：部門責任者、経営陣	部門職員の育成：1・2次評価、部門責任者 幹部職員の育成：部門責任者、経営陣
最終決済者	部門単位：部門責任者 病院全体：経営陣	部門職員：部門責任者 幹部職員：経営陣

出所：YCG作成

「評価調整会議」とは、評価結果を決定する会議です。査定時期（夏・冬賞与、期末）に開催され、評価の根拠の共有や判断基準の統一化を目的として協議を重ね、評価を決定します。議論をするのは、評価者であるため、会議の進行は事務局が務めると良いでしょう。

　事務局は事前に評価の内訳・結果を集計して、論点となる項目を整理した資料を作成し、参加者に配布しておくと議論がスムーズです。

　進め方は次の通りです。

① 　事務局が評価の内訳・結果を集計する。評価結果を見比べて、評価結果の中で特徴的なケース（評価点が極端に高い・低い項目がある、標準の評価点を上回っている職員等）をピックアップする。

② 　ピックアップした内容を事前に参加者（一次評価者・二次評価者）に配布する。

③ 　ピックアップされた評価を付けた参加者から、着眼点や判断基準といった評価根拠を具体的な事例を出しながら説明をしてもらう。

④ 　他の評価者と根拠の妥当性や評価の甘辛（評価点が平均的に高い、または低い評価）について意見交換をする。

⑤ 　評価者は意見交換を踏まえて、評価結果の甘辛調整を行う。
　　（なお、ピックアップされていない職員の評価も変更が必要と参加者が考えた場合は、発信・説明し調整・変更する）

⑥ 　会議の責任者（部門長）が評価結果を確定させる。

　このプロセスによって評価者間の評価基準や着眼点の整合をとることができます。評価はできるだけ客観性のある基準を設けて行うことが望ましいですが、評価要綱等に記載されている説明内容だけでは客観的に評価することは難しいのが実情です。どうしても評価にばらつきが生じます。

　例えば、「業務ができる」という記載に対して、できていると判断す

る根拠やレベルは、評価者によって異なり、大なり小なり主観的にならざるを得ません。極端なケースでは好き嫌いといった感情が評価に反映されてしまうこともあるようです。完全に主観を排除することは不可能であり、評価をするのが人である以上、協議を重ねることで基準や着眼点を合わせていくプロセスで客観性を担保していく取り組みが必要です。

　なお、評価の甘辛調整には、評価結果から、全体の平均点や正規分布を取り、大きな差がある評価者には再度評価を見直し直す、評価点を加減点するといった方法が取られることがしばしばあります。これでは、評価者の評価基準の統一にはつながりません。

　なぜなら、評価のバランスを鑑みた甘辛調整は評価点を表面上調整しているに過ぎず、評価者間の評価の視点や基準の違いを根本的に整合させていないためです。また、被評価者に評価結果を正しくフィードバックすることが困難になりますので注意が必要です。

　一方、評価調整会議を経て決定された評価結果は客観性があるため、自信を持って被評価者に結果を伝えることができます。加えて協議を重ねたことで説得的な根拠説明も可能です。結果、被評価者が納得感を得やすくなる効果が期待できます。

4. 運用時のポイント②　(2)育成会議の実施

　次に「育成会議」です。育成会議とは、期末に当期の振り返りと翌期に向けた育成方針を検討する会議です。部門全体で各職員の状況や成長支援のポイントを共有し、同じ認識のもと、職員を教育する環境を作ることが目的です。この会議には評価者（育成担当者）が参加し、会議の進行は部門長が行います。

　各評価者が教育を受け持つ職員について、等級基準と評価結果を用いながら、被評価者（対象者）の現状と今後の課題について発表します。

この時、等級基準を照らし合わせたときの充足点・不足点、または、一つ上の等級に昇格するために成長が必要と考える点、という視点で説明するのが望ましいでしょう。

　他の参加者は自身が抱える職員と比較しながら発表者に質問し、発表者はこれに回答します。また、発表者は自身が抱える悩みや相談についても説明し意見交換するとよりよい場となります。

　進め方は以下の通りです。

① 　各育成担当者が評価結果と、等級基準に基づいた対象者の課題と育成方針について整理する。

② 　育成担当者から対象者の期初の目標と期末の状態、評価結果を会議参加者に対して発表する（人事考課表を用いて説明する）。

③ 　対象者の処遇を参加者全員で検討し、部門長が昇格推薦の要否を決定する（通常経営会議等で昇格決定する）。

④ 　今後のキャリアや改善に向けた指導方針・方法を参加者間で検討し、部門長が育成方針を最終決定する。

　育成会議では、等級制度に基づいて昇格（降格）判断や育成の方針を議論することが重要です。等級定義は人事制度の中核であり、経営理念・経営方針を実現するために設定された人材要件であるためです。等級基準に照らして適当と言える職員を基準に据えて育成対象の職員の能力や役割充足度を議論すると対象職員の課題を浮き彫りにすることができます。

　育成会議は、時間をかけて、上長だけでなく部門（法人）として職員の状況を把握し、対応方針を検討・決定するようにしましょう。評価者が被評価者をどのように見ているのか、指導育成への姿勢・取り組み方法の是非を把握できるため、評価者（育成担当者）にとっては、自身の評価や指導方法の振り返りの場にもなります。

　育成会議で決められた育成方針は、面談等を通じて評価者から対象者に共有し、各職員の翌期の役割期待（目標管理制度を実施している病院では翌期の目標）にしてPDCAサイクルを回していきましょう。

　なお、面談時には肯定的な会話をすること、本人の成長支援ということを強調することで、前向きな思考となるよう導いてください。目標管理制度を導入している法人では、ここで議論された内容を翌期の目標とします。

5．運用時のポイント③　コミュニケーション

　ポイントの3つ目は、コミュニケーションです。広義の意味では運用に該当します。職員にモチベーション高く活き活きと働いてもらうために、日常的なコミュニケーションは必要不可欠です。例えば、査定時期（多くは年度末や賞与決定時期）にだけ評価を実施し、被評価者がその結果のフィードバックを受けるとした場合、自分はどのように見られていたのかを、事後的に知ることになります。

　この場合、自身ではできていると思っていたことができていなかった（評価基準に達していなかった）等、自己評価との間にギャップが生じやすくなります。被評価者は、後付けの評価という印象を持ち、結果を正面から受け止めず、不満を持ちます。そして、評価者を信頼できなくなり、人間関係が悪化するという事態になることもあります。

　一方、日常的にコミュニケーションを取り、被評価者ができていること、改善を要することを等級や評価に照らして指導・育成をすると、被評価者はいつも気にかけてもらっているという安心感を持つことができ、また、評価結果のギャップが小さくなる（小さくなるよう被評価者が改善することができる）ため、被評価者はある程度納得感をもって評価結果を受け入れることができます。

査定時期といった特定の時点のみの評価やコミュニケーションに留めず、日常的に、評価の考え方や期待役割の到達状況を共有するようにしましょう。

６．まとめ
　職員のモチベーションを高めるためには、運用段階において柔軟な対応が必要です。制度の骨格部分は残しながらも、職員に合わせたマイナーチェンジを重ねて、より良いものへとブラッシュアップさせていくのが、人事制度の理想的な運用です。組織の活性化を目的においた場合、人事制度の見直しはスタートに過ぎず、運用にこそ時間と労力をかけて取り組むことが重要です。

25 病院における中間管理職を育成するコツは？

Q 病院は多様な部署で構成されている組織であり、課長レベルの研修・育成が重要であると思います。そのコツについて教えて下さい。

POINT 医師や看護師、コメディカル、事務部門等、病院組織は多様な部署で構成され、各部署は高度に専門分化していることもあり、ともすると部門利害が優先される傾向がある。
　　　そのため、管理職に対して、組織横断的な視点で部署運営を行うことができるような研修・育成が必要となる。

A ∙∙

1．病院にみられる組織構造の特徴と課題とは

　病院組織は、様々な資格を有する医療の専門家集団であり、それぞれが専門性を活かして医療サービスを提供しています。チーム医療が主流になっている現在において、部署間、つまり他職種との連携の活発化が求められています。

　一方で、病院組織は専門家集団であるがゆえに、ともすると、部門を跨いだ組織連携や業務の最適化の意識が醸成されにくい傾向があります。加えて、部門長によっては、固有の運営方針に基づいた「やり方」にこだわってしまうため、組織運営が硬直的になりがちです。

　このような環境で育成された職員は、自部署や自身のオペレーションに変化を与える影響因子を敬遠します。従って、各部署の課長クラスの管理職は、専門性を維持しつつも、自部署のやり方にこだわり過ぎず、

組織運営上の変化に対して柔軟に対応するよう職員を導くことが、重要な役割として求められます。

　病院は、職種ごとに機能が分かれた機能別組織であることが一般的です。機能別組織は、同じ仕事を担当する職員が一つの組織内に集結するため、各担当者の持つ知識やスキルが共有されやすい、組織の専門性向上や業務効率を高めることができるといった効果があります。高度に専門分化した多様な有資格者から構成される病院組織になじみやすい組織形態と言えるでしょう。

　一方、急激な市場環境の変化や組織横断的に取り組むべき経営課題には対応しにくい、責任の所在が曖昧になり課題解決の取り組みが形骸化しやすいというデメリットが指摘されています。

　また、組織の権限や責任が限定されるため専門的な見方に偏りやすく、責任の所在が不明確になるといった問題が起きやすいという欠点もあるようです。

　機能別組織の弱点を補完する組織形態としては、プロジェクト組織があります。プロジェクト組織は、特定の目的を持ち、部門横断的なメンバーで組成する組織のことです。各部門から代表者を集め、部門を跨る課題に対して集中的に協議することで意思決定のスピードが高められます。

　代表的な組織形態を図表1に整理しました。組織は手段であり、目的に応じて適切な形態を選択し課題に対応することが求められます。

2．中間管理職を育成するポイント

　病院を取り巻く外部環境が目まぐるしく変わる現在においては、機能別組織の弱点が度々浮き彫りになります。弱点を克服するために経営企画部門などを立ち上げ、部門横断的な体制（プロジェクト組織）を機能

図表1　代表的な組織形態

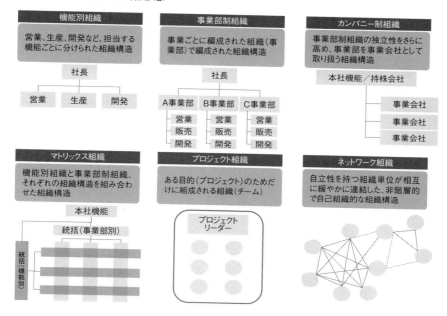

出所：YCG作成

別組織に付加することで環境変化に対応するための課題解決を図る病院もあるようです。

　プロジェクト組織を機能させるためには、医療を提供している現業部門の協力が不可欠です。プロジェクト組織で立案された課題解決に向けた取り組み施策は、一般職員の業務にまで落とし込まれ、改善活動のPDCAサイクルが徹底されることが求められるためです。当然ですが、現場が動かなければ取り組み施策の効果は得られません。掲げた目標を達成するために、改善活動の推進役を担う中間管理職が、一般職員に対して施策の目的や必要性を理解をさせて取り組みを徹底させることができるかが重要です。

課長クラスである中間管理職は経営と現場をつなぐ重要なポジションです。一般的に、事業会社での課長クラスの階層は、経営的視点で組織を管理することが求められます。病院組織でも課長クラスに求められる期待役割は同様です。筆者の経験では、この階層が経営的視点を持って組織を管理している病院は、経営状況が安定的であり、医療機関として総合的にレベルアップが図れていると感じます。

　しかしながら、日々の業務の中では、経営的視点を身に付けるための機会が少ないというのが実情です。従って、病院側が研修の機会を設け、中間管理職層のレベルアップを図っていく必要があります。

　中間管理職が、経営的な視点を持った現場リーダーとして成長するためのポイントを図表2に整理しました。次節で一つずつ解説します。

図表2　中間管理職育成のポイント

	概要	内容
Point1	損益の理解	課長クラスが病院の損益構造を学び、良好な経営状況の維持は患者・職員の満足度に寄与することを理解し、経営と現場の連結環となることで施策の推進力を高める
Point2	事業計画の作成過程に関与させることによる経営方針の理解浸透	経営計画の作成に関与することで、地域における病院あり方という外部にベクトルを向け、病院内部の部門間連携に向けた能動的・建設的な議論を進めることができる
Point3	経営企画等横断的な組織へ登用する	現場を知っている人材を横断的組織に期間限定で配置することで、経営方針の変更に伴う部門運営の見直しによる影響の勘所をおさえることができ、かつ、現場に方針を浸透させる連結環として役割を果たすことができる

出所：YCG作成

3．損益を理解してもらう

　第一に「損益の理解」です。多くの病院では、経営目標を達成するためのKPI（重要業績評価指標。Key Performance Indicatorの略）を各組織に設定しています。

　ところが、筆者が、目標数値が設定された理由を現場職員にヒアリングすると「院長または事務長から言われた。数値目標しか説明がないので必要性はわからない。」や「病院の経営上、収益の維持、向上が必要であると発信があったから。」といった回答が出てきます。

　つまり、KPIを一方的に与えられた数値として認識されている状態に留まり、KPIを設定する目的の理解の浸透や納得感の醸成に至っていないようです。病院の損益改善が患者により良いサービスの提供に繋がり（患者満足度の向上）、ひいては自身の処遇にも影響する（職員満足度の向上）ことまで理解している職員は少ないというのが実感です。納得を得られないまま目標数値を達成するよう職員の業務を管理をすると、やらされ感が先行し、ストレスがかかり、疲弊してしまいます。最悪の場合、経営と現場の対立構造を生み出しかねません。一般的に、病院職員は患者の生命維持・向上が第一優先であり、ともすると経営改善への取り組みは劣後される傾向があるためです。経営改善が患者・職員満足度の向上に結び付くことを十分に理解してもらう必要があります（**10**（91ページ））。

　従って、まずは課長クラスが病院の損益構造を学び、良好な経営状況を維持することが結果として患者・職員満足度に寄与すること、そして、日々の業務の積み重ねが病院経営に大きな影響を与えることを理解することが極めて重要です。課長クラスが経営と現場の連結環となることで、施策の推進力が高まりKPI数値の達成につながることが期待できます。

　なお、病院の財務状況を開示することの是非については、様々な意見

が出てくるところであり悩ましい点です。病院の業況に応じて、情報開示による影響や反応は異なるため慎重な議論が必要ですが、前述の通り、目まぐるしく変化する外部環境に速やかに対応するためには、中間管理職が経営管理に積極的に参画できることが必須です。従って、損益の開示は、限定的であっても、するべきでしょう。

　ただし、損益情報の理解に必要となる知識を学んできていないために、開示された情報を理解することができないことが往々にしてあるので発信する情報の内容はよく吟味する必要があります。

４．事業計画への理解・関与を進める

　第二に「事業計画の作成過程に関与させることによる経営方針の理解浸透」です。

　多くの病院は制度環境の変化に加えて、人口構造や需給環境の変化といった地域における変化への対応が求められています。病床機能の変更や病床規模の見直しを含め、聖域を設けず、病院の生き残りを図るための方策の検討が必要とされています。

　検討した結果は病院の今後のあり方を示す中期事業計画として整理します。そして、各部門方針・計画に細分化し、単年度計画として管理します。一連の過程において、中間管理職層には中期計画からブレイクダウンされた部門方針・計画を正しく理解し、方針に合わせて職員の配置変更やオペレーションの見直しといった対応を先導することが求められます。

　仮に中間管理職が計画や方針を十分に理解していない場合、一般職員に対して計画の必要性の周知がままならない状態で部門の体制変更や業務変更が行われる懸念があります。そうなると、一般職員は理由もわからず振り回されていると感じます。結果として、経営側への不信感に繋

がります。従って、まずは病院の中期事業計画に対して中間管理職が正しい理解を持つことができるよう、情報提供を行うことが重要です。

　例えば、定例会議や幹部会で経営方針を適宜示し、各部門や部門横断的な活動とのつながりを持たせることで取り組み施策の経営的な意義の浸透を図るという方法が有効です。その際、図表3のように概念図でまとめてみてもいいでしょう。また、バランススコアカードを用いるのも一つの手法です。

図表3　経営方針の概念図およびバランススコアカードの例

経営方針の概念図

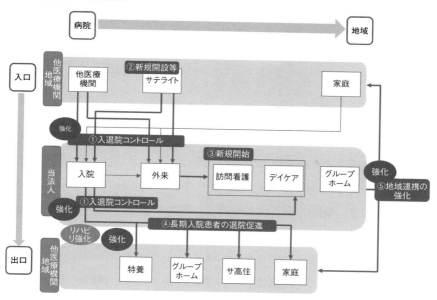

出所：YCG作成

バランススコアカード（例）

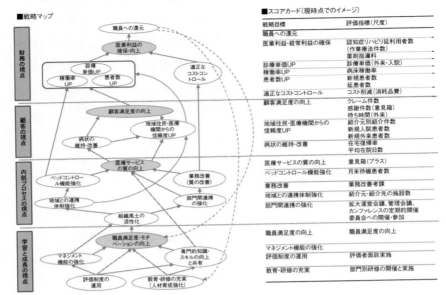

■戦略マップ

財務の視点
- 職員への還元
- 医業利益の確保・向上
- 診療単価UP
- 稼働率UP
- 患者数UP
- 適正なコストコントロール

顧客の視点
- 顧客満足度の向上
- 病状の維持・改善
- 地域住民・医療機関からの信頼度UP

内部プロセスの視点
- 医療サービスの質の向上
- ベッドコントロール機能強化
- 地域との連携体制強化
- 業務改善（質の改善）
- 部門間連携の強化
- 組織風土の活性化

学習と成長の視点
- 職員満足度・モチベーションの向上
- マネジメント機能強化
- 専門的知識・スキルの向上と共有
- 評価制度の運用
- 教育・研修の充実（人材育成強化）

■スコアカード（現時点でのイメージ）	
戦略目標	評価指標（尺度）
職員への還元	
医業利益・経常利益の確保	認知症リハビリ延利用者数 （作業療法件数） 薬剤指導料
診療単価UP	診療単価（外来・入院）
稼働率UP	病床稼働率
患者数UP	新規患者数 延患者数
適正なコストコントロール	コスト削減（消耗品費）
顧客満足度の向上	クレーム件数 感謝件数（意見箱） 待ち時間（外来）
地域住民・医療機関からの 信頼度UP	紹介元別紹介件数 新規入院患者数 新規外来患者数
病状の維持・改善	在宅復帰率 平均在院日数
医療サービスの質の向上	意見箱（プラス）
ベッドコントロール機能強化	月末待機患者数
業務改善	業務改善考課
地域との連携体制強化	紹介元・紹介先の施設数
部門間連携の強化	拡大運営会議、管理会議、 カンファレンスの定期的開催 委員会への開催・参加
職員満足度の向上	職員満足度の向上
マネジメント機能の強化	
評価制度の運用	評価者面談実施
教育・研修の充実	部門別研修の開催と実施

出所：YCG作成

　更には、中期事業計画の策定過程に中間管理職を関与させることも経営方針の理解浸透を図る上で大きな成果が期待できます。作成過程では、人口動態や需要動向といった統計データの収集・分析やSWOT分析等外部環境調査、病院の患者構成や特性、当院の診療体制等の内部環境調査等を一緒に実施するようにしましょう。普段の業務とは異なり、地域における病院の在り方はどうあるべきかという観点から、自院の役割や機能、他医療機関・介護施設等との連携の在り方等を議論する機会となるため、ベクトルが内部ではなく外部（地域）にも向くきっかけとなります。

　この視点の変化は、結果として病院内部の部門間の連携に向けた能動

的、建設的な議論を可能とします。そこには部門単位の利害ではなく、他部門との業務連携を踏まえた自部署の業務の見直しのような、病院の利害を意識した全体最適の選択がされることが期待できます。この時、業務連携を評価するKPIを設定すると更に効果的です。

　中間管理職には、目の前の患者対応だけでなく、人口構造の変化や人口減少の進行に伴い変動する患者属性に合わせて、どのようなサービス提供が必要とされ、準備するべきなのかという意識を持ってもらうことが重要です。計画策定に関与することが、意識の醸成を図る絶好の機会となります。是非活用しましょう。

5．横断的組織へ登用する

　第三に、中間管理職を「経営企画等横断的な組織へ登用すること」です。現場を知っている人材を期間限定で横断的組織に配置します。

　横断的組織では、経営サイドの思考プロセスや業務内容を知ることができます。加えて、複数部門の利害や課題を理解する機会があるため、個別の部門利害にとらわれない視点を持つことができるようになります。その結果、横断的組織を経験した人材が部門（組織）マネジメントをすることで、対立しやすい現場と経営との関係を統合することも期待できます。

　横断的組織へ登用することの効果を狙うため、職員の能力を見極めた上で経営企画等への異動をさせるキャリアパスを設定している病院もあるようです。この病院では、現場職員が経営サイドに参画することで、経営方針の変更に伴う部門運営の見直しによる影響の勘所を把握することができています。そのため、現場に経営方針を浸透させる連結環として役割を果たしています。その結果、施策の浸透がスムーズであり、かつPDCAサイクルが機能している組織となっています。

中間管理職の育成のポイントは、つまるところ、彼らに対して専門性や自部門のマネジメントだけでなく、経営的な視点を持たせることです。課長レベルの中間管理職が病院経営の視点を持つことで、病院組織の中における自部署の在り方について、役割を限定せず柔軟に変化するよう一般職員に働きかけることが期待できます。加えて、視座を高くすることにより、部門利害を超越した部門間連携の推進役を果たすことができるようになるでしょう。

　日々の業務の中での時間確保は大変です。しかし、中間管理職の育成は将来に向けた重要な取り組みです。ひいては、次世代の経営幹部職員候補の育成の機会ともなります。積極的に管理職を経営サイドに巻き込む仕掛けを作るようにしましょう。

26　医療機関における働き方改革対応の注意点は？

Q 医療機関においても働き方改革への対応が求められています。医師においては一定期間の猶予が設けられていますが、医師以外においても注意すべき点があれば教えて下さい。

POINT 医師の働き方改革対応が、昨今注目を集め中央行政においても議論されている。医師を対象とした対応については、一定期間の時間を要するとされているため猶予期間が設けられている。

他面、医師以外の職種においては速やかな対応が求められる。医療機関においては特に同一労働同一賃金に注意が必要である。

A

1．働き方改革関連法の概要

2019年4月から働き方改革関連法の施行がスタートし、順次適用されています。

図表1　働き方改革関連法の概要と根拠となる法律

No.	項目	概要	施行時期
1	時間外労働の上限規制	労働者の過労死等を防ぐため、残業時間を原則月45時間かつ年360時間以内、繁忙期も月100時間未満、年720時間以内にするなどの上限を設定し、上限時間を超えると罰則を適用	【大企業】2019/4 ～【中小企業】2020/4 ～
2	年5日の有給休暇取得の義務化	年10日以上の有給休暇が発生している労働者に対して、会社は必ず5日の有給休暇を取得させなければならない義務を負う	【全企業】2019/4 ～

3	「勤務間インターバル制度」（努力義務）	勤務終了後、一定時間以上の「休息時間」を設けることで労働者の生活時間や睡眠時間を確保することを目的として、事業主の努力義務とされた	【全企業】2019/ 4 ～
4	「60時間超割増賃金率」にかかる中小企業猶予措置の廃止	時間外労働が60時間を超えた場合における割増賃金の割増率を50％以上にしなければならないという制度が中小企業にも適用スタート	【大企業】適用済み【中小企業】2023/ 4 ～
5	産業医の機能強化（事業主の労働時間把握義務含む）	長時間労働やメンタルヘルス不調などにより、健康リスクが高い状況にある労働者を見逃さないため、産業医による面接指導や健康相談等が確実に実施されるように、機能強化と環境を整備	【全企業】2019/ 4 ～
6	「高度プロフェッショナル制度」の創設	高度の専門的知識等を有し、職務の範囲が明確で一定の年収要件（1075万円）を満たす労働者を対象として、本人の同意等を条件に労働時間、休憩、休日・深夜の割増賃金等の規制の対象外とする制度を創設	【全企業】2019/ 4 ～
7	フレックスタイム制 清算期間の延長	これまでは最大で1ヶ月単位でしか適用できなかったフレックスタイム制が、2ヶ月単位や3ヶ月単位でも適用できるように改正	【全企業】2019/ 4 ～
8	「同一労働・同一賃金」	同一企業内において、正社員と非正規社員（パートタイム労働者、有期雇用労働者、派遣労働者）の間で、基本給や賞与などの個々の待遇ごとに不合理な待遇差が禁止される	【大企業】適用済み【中小企業】2021/ 4 ～

出所：YCG作成

　医療機関においては、医師に対する罰則付き時間外労働の上限規制にフォーカスが当たっていますが（医師への適用は5年猶予）、医師以外の職種の時間外労働の上限規制を含む、他の働き方改革関連法は既に適用対象です。

　医療機関に対して、労働基準監督署による立ち入り調査や指導が始まり、今後更に活発化していくことが想定されます。加えて、今やネット

やメディアから簡単に情報が取れる環境であり、職員は関連法案について十分に知識を持っています。適切な対応（説明）をしなければトラブルとなり大きな痛手を受けることになりかねません。こうした点からも、働き方改革を正確に理解し、対応策を講じることが望ましいと考えます。

　働き方改革のポイントは、①労働時間法制の見直し、②雇用形態に関わらない公正な待遇の確保の2点です。①は労務管理体制の強化、②は同一労働同一賃金への対応と整理できます。①は既に施行されている内容が多く含まれています。残業時間の上限規制が主たる論点ですが、そもそも超過勤務について時間外業務の範囲を設定し、かつ適切に申請されるようにすることが、労務管理として本質的に対応しなければならないことであると言えます。

　しかしながら、36協定（時間外・休日労働に関する協定届のこと。法定労働時間を超えて労働者に時間外労働をさせる場合や法定休日に労働させる場合に、労働組合等と書面による協定を結び労働基準監督署に届け出ることが義務付けられている）の締結さえしていない医療機関が依然として存在しているようです。時間外（残業）に関する労基法を理解していない、どう対応して良いのかわからないという理由で適応していない場合もしばしば見受けられます。労務管理の最初のステップとして労基法を正しく理解し、求められる手続きに従って早急に対応することを推奨します。

2．同一労働同一賃金の概要

　同一労働同一賃金は、2020年4月（パートを含む常時使用する従業員の数が300名以下の医療法人は2021年4月）から施行されました。具体的には、非正規職員（有期労働者、パートタイム労働者および派遣労働者）と正規職員（通常の労働者）との間において、不合理な待遇差がな

いことが求められています。

不合理な待遇は、「均等」と「均衡」という目線で判断されます。「均等」とは、職務内容、職務内容・配置の変更の範囲が同じ場合において、非正規職員を理由とする差別的取り扱いを禁ずるという考えです。

他方、「均衡」は、「職務内容」「職務内容・配置の変更の範囲」「その他の事情」の違いを考慮した上で、不合理な待遇差を禁ずるという考えです。ここでいう待遇は、基本給、昇給、賞与、各種手当といった賃金にとどまらず、教育訓練や福利厚生等についても対象となります。

なお、非正規職員には、定年後再雇用の職員も含まれます。定年後の処遇（給与や手当等）は変わったが、業務内容は変わらない（または曖昧）という医療機関は併せて待遇を検討するべきです。

現在、同一労働同一賃金に関して多くの裁判が行われています。医療機関においても、大阪医科薬科大学事件と言われる判例があります。正規職員に対して賞与を支給している一方で、非正規職員であるアルバイト職員に対しては賞与および私傷病による欠勤中の賃金等に相違があることについて、不合理な待遇差に該当するかが争点でした。大阪高裁（大阪高判平成31年2月15日）では、賞与の不支給については、不合理な格差と判断され、正規職員と比べて支給基準の60％の支給を命じました。

また、私傷病による欠勤中の賃金の不支給については欠勤中の賃金のうち、給料1か月分および休職給2カ月分を下回る部分の相違は不合理と判断されました。しかし、最高裁（最高裁令和2年10月13日判決）では、アルバイト職員に対し賞与を支給しないことは、不合理な待遇差にはあたらず、労働契約法20条には違反しないという逆転の判断が下され、メディアでも広く取り上げられました（労働契約法20条は、同一の使用者に雇用されている有期契約労働者と無期契約労働者について、「期間

の定めがあること」によって両者の労働条件に相違がある場合、①職務
の内容、②当該職務の内容および配置の変更の範囲ならびに、③その他
の事情を考慮して、その相違が「不合理」なものであることを禁止した
規定）。この判例を踏まえると、医療機関では、①正規と非正規の労働
契約法20条に係る「違い」を明確にすること、②報酬（特に賞与）の支
給根拠を具体的に定めること、が重要となります。

　日本では、人に仕事（業務内容や責任等の職務）を与え、社員が互い
に協力して業務を遂行する、メンバーシップ型といわれる業務分担が主
流です。しかしながら、この業務スタイルは、職務の違いを不明瞭にし
てしまう点に留意が必要です。同一労働同一賃金対応は、仕事（業務内
容や責任等の職務）に基づいて処遇を検討するため、メンバーシップ型
の業務分担の考え方が、対応を難しくさせる原因の一つとなっています。

　一般事業会社では、既に多くの企業で、正規と非正規の職務内容の棚
卸しと業務の再構成、分担が進められています。医療業界は、人（患
者）と関わる業務の特性上、メンバーシップの志向がより強い職種であ
り、馴染みにくい考え方ですが、例外なく、検討を進める必要がありま
す。検討が遅れたり、不足したりすると、非正規の職員からの問い合わ
せに対応できず、都度見直すことになり人件費を更に上昇させることに
もなりかねません。

3．検討ステップ

　同一労働同一賃金の検討は、ポイントを絞って検証を重ね、対応方針
を決めていく必要があります。検討のステップは以下の通りです。
Step 1 は最も重要なステップです。職務の内容については、業務の種類、
中核的業務、責任の程度で整理します。医療機関においては、職種によ
って業務内容が大きく異なることから、職種ごとに分類し、それぞれの

図表2　同一労働同一賃金対応に係る検討ステップ

Step 1	均等／均衡待遇の分類	・在籍している労働者を職種別・雇用形態別に整理 ・比較対象労働者と取組対象労働者について、「職務の内容」及び「職務の内容及び配置の変更の範囲」を整理
Step 2	待遇の整理	・雇用形態別に各待遇の現状を整理 ・比較対象労働者と取組対象労働者との間で、各待遇の「適用の有無」及び「決定基準」に違いがあるかを確認
Step 3	均等・均衡待遇の決定	・均等待遇：全ての待遇について比較対象労働者と同じ取扱いの設定 ・均衡待遇：待遇の違いが不合理か否かの検討 ・待遇の違いに関する、短時間・有期雇用労働者への説明資料の作成
Step 4	待遇差の是正策検討	・待遇差が不合理ではないとはいえない待遇に関し、対応方針の策定 ・待遇改善に要する人件費増加額の試算
Step 5	是正策の実施	・対応方針に関する、労働組合（過半数代表者）の合意取得 ・各種制度の再構築・関連規程の改定

出所：YCG作成

職種で正規（比較対象職員）と非正規（取り組み対象職員）の比較すると良いでしょう。比較対象職員と取り組み対象職員について主たる業務を洗い出します。筆者はこの業務調査をアンケート形式で行い、概要を把握した後に詳細な確認が必要な点について、個別にヒアリングを行っています。

4．均等・均衡待遇の分類

　洗い出された業務について、比較対象労働者の全ての待遇を抽出します。各業務についての判断は、「職務の内容」および「職務の内容および配置の変更の範囲」の2点で検討していきます。図表3をご覧下さい。
　あくまでも目的は業務上の違い（職務や責任）を判定することです。業務を細かく洗い出し、業務上の違いを無理に探さないように留意する必要があります。取り組み対象職員固有の業務内容に入り込んでしまい、再現性のない職務内容の違いが根拠になってしまう可能性があるためで

す。

　例えば、看護師であれば担当患者の看護計画作成、クレーム対応、カンファレンス等の会議体や委員会への参加義務等が業務上の違いとして挙げられると考えられます。

　職務の内容および配置の変更の範囲については、転勤の有無、転勤の範囲、職務内容と配置の変更の有無、変更の範囲で整理していきます。医療機関では転勤は少ないため、配置の転換の有無が論点になると想定されます。

　例えば、病棟から外来への異動等が該当します。最高裁では、正規職員は、就業規則上人事異動を命ぜられる可能性があったのに対し非正規職員の異動は、原則として業務命令によって配置転換されることはなく、人事異動は例外的かつ個別的な事情により行われていたために一定の相

図表3　均等・均衡待遇の分類方法

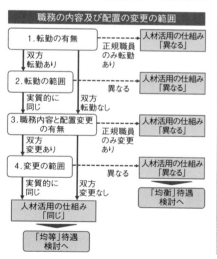
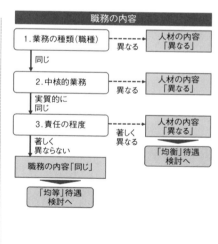

出所：YCG作成

違があったと判断されました。この判例に基づいて各項目の異動を判断したとき、同じであれば「均等」、違いがあれば「均衡」となります。

5．待遇の整理

　Step 2 では待遇を整理します。ガイドラインに記載のない手当・退職金等についても検討が必要です。抽出する項目は、基本給、諸手当、賞与、福利厚生・その他（教育訓練、安全に関する措置及び給付等）です。各項目について、どのような基準・要件及び金額で支給されているかを整理します。賞与については前述の通りですが、諸手当及び、福利厚生についても慎重な判断が必要です。

図表 4　待遇の判断手順

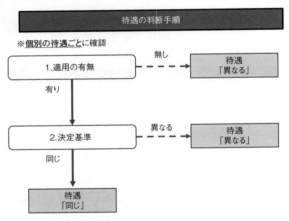

出所：YCG作成

　雇用形態別に適用の有無や決定基準の異同を判断します。諸手当では、例えば、通勤手当、精勤手当（皆勤手当）、食事手当は、一般的な支給要件上、待遇差を設けることは不合理となりえます。

228

　また、医療機関は、手当が多数存在することが往々にしてあります。手当のなかには支給基準を規定できない、設定当時にはあった基準が今は形骸化し支給する理由がなくなっている場合もあります。手当そのものについての基準の見直しや、手当の統廃合をすることも場合によっては必要となるかもしれません。

　福利厚生・その他では、特に休暇制度の整備が必要です。フルタイム非正規職員については同様の待遇にしておくのが望ましいと考えます。

6．均等均衡待遇の決定と是正策の検討

　Step 3では、各項目について均等待遇の設定と均衡待遇（待遇の違いが不合理といえるか）の判断を行います。

図表5　均等・均衡待遇判断フロー

手順①
・比較対象労働者との間に違いがある個々の待遇の「性質・目的」を明らかにする
　➤なぜ、その待遇に関する制度を設けたのか
　➤どのような事象に対してその待遇を支給・付与することとしているのか
　➤その待遇を労働者に支給・付与することにより、どのような効果を期待しているかといった観点等から、「性質・目的」の内容を明らかにすることが必要

手順②
・手順①で明らかにした待遇の「性質・目的」を踏まえ、待遇に関連する考慮要素は、3考慮要素の中のどれに当たるかを判断する
　➤待遇の「性質・目的」によっては、3考慮要素の中で複数の要素が関連する場合がある
　➤3考慮要素とは、「職務の内容」、「職務の内容・配置の変更の範囲」、「その他の事情」

手順③
・手順②で判断をした「考慮要素」に基づき、「違い」が生じている理由を整理し、「違いが不合理ではない」といえるか否かを確認する
※各種裁判例、ガイドライン及び労働局への確認をもとに判断

出所：YCG作成

Step 4 では、不合理ではないと言えないものについては、根拠の明確化及び説明内容を決定します。このとき、「合理的であると言えるか」ではなく、「不合理ではない」というのがポイントです。不合理になりえる手当については、非正規職員に対しても支給することになります。そのため、支給対象者の確認と支給による人件費シミュレーションを行い人件費の増加額を試算し、損益への影響を確認します。なお、項目によっては判例の集積が必要な項目があることに留意が必要です。

　Step 5 は対応方針に関する労働組合（または過半数代表）対応です。原則的には、「非正規雇用者から求めがあった場合、正規雇用者との待遇差の内容や理由について具体的な説明が必要」ということであり、求めがない場合、説明義務は発生しません。しかし、労働組合に円滑なコミュニケーションを取る意味でも能動的に説明を行うことが望ましいと考えられます。

　前述の通り、同一労働同一賃金の対応による待遇の見直しに伴い、人件費が増加すると想定されます。また、労務管理体制の見直し等、その他の働き方改革関連法対応もコストアップとなる可能性があり、病院収支の悪化が懸念されます。病院利益の維持向上のためには、収益増加策や費用削減策に取り組むことになるかもしれません。

　なお、同一労働同一賃金の対応は業務に密接に関連するため、様々な施策検討に展開することが可能です。例えば、検討ステップに職務内容の整理がありますが、このステップを活用して正規職員を含めた業務の役割分担や効率化による生産性向上ついても検討することができます。

7．まとめ

　働き方改革はビジネスモデルの見直しにもつながる大きな出来事です。うまく乗り越えることができるかどうかで、今後の経営を大きく左右す

ると言っても過言ではありません。働き方改革を経営改革と捉えて、病院自体の収益構造の改善に向けて、経営陣と職員が一緒になって取り組む姿勢が必要です。

Q 　持分の定めのある医療法人における出資持分の承継方法には、どのようなものがあるか教えて下さい。

POINT 　持分の定めのある医療法人において、出資持分の承継方法は、① 相続または遺贈による移転、② 贈与による移転、③ 譲渡による移転、④ 医療法人から出資持分の払戻しを受ける方法、⑤ 持分の定めのない医療法人への移行、の5つに大別される。

　どの方法を選択するかにより、出資者、後継者および医療法人の税や資金の負担が異なる。また、出資持分の承継を考える上では、後継者以外の相続人の遺留分を考慮する必要がある。

A ‥‥‥‥‥‥‥‥‥‥‥‥‥‥‥‥‥‥‥‥‥‥‥‥‥‥‥‥

　持分の定めのある医療法人の出資持分の主な承継方法は、図表1の通りです。

図表1　出資持分の承継方法

	出資持分承継方法	主な内容
①	相続又は遺贈による移転	● 相続 出資者の死亡により、出資持分を相続人が相続する。相続人全員の遺産分割協議により、後継者は出資持分を取得する。 ● 遺贈 出資者が遺言により、出資持分を後継者に移転する。この場合の後継者（受遺者）は、相続人に限らない。
②	贈与による移転	出資持分を贈与する。
③	譲渡による移転	出資持分を譲渡（売買）する。

| ④ | 払戻しによる移転 | 現出資者が生前に退社し、出資持分の払戻しを受けると同時に後継者が出資することで出資者の入れ替えを行う。 |
| ⑤ | 持分の定めのない医療法人への移行 | 持分の定めのない医療法人へ移行する（移行に際し、出資者全員が出資持分を放棄する）。 |

出所：YCG作成

　本節では、上記のうち、よく選択される方法である「②贈与による移転」と「⑤持分の定めのない医療法人への移行」について解説します（これらの方法以外の方法は、関係当事者の税や資金の負担が重くなることが多く、一般的には選択されにくいといえます※1)）。

　また、出資持分の承継を考える際、後継者以外の相続人とのトラブルの原因になり得る遺留分についても解説します。

　なお、本節では、出資持分を渡す側を「現理事長」、受ける側を「後継者」と表記します。

1.　出資持分を贈与によって引継ぐ方法

　生前贈与は、現理事長と後継者の贈与の合意によって行われます。合意の事実と内容を明らかにするために贈与契約書を作成することが一般的です。税務上は、「暦年贈与」か「相続時精算課税贈与」のいずれかを選択することになります。2つの贈与制度については、後述「3.　贈与の方法～暦年贈与と相続時精算課税贈与～」で解説します。

※1　具体的には「①相続又は遺贈による移転」では相続発生までに出資持分の評価額が上昇し相続税負担が増加する場合があること、「③譲渡による移転」では後継者が出資持分を買い取るために多額の資金負担が必要になる場合があること、「④払戻しによる移転」では医療法人には払戻しの資金負担の問題、払戻しを受ける出資者には高い税率による所得税・住民税課税（みなし配当所得課税により最高で約56％）が生じる点が挙げられます。

２．贈与のタイミング

　医療法人は医療法で配当が禁止されているため、黒字の場合、純資産が毎年増えていきます。それに伴い出資持分の評価も毎年上昇します。従って、承継時の贈与税負担を考えると、出資持分の贈与は、早ければ早い方が良いということになります。

　ただし、将来、出資持分の評価が一時的に下がることが予測される場合には、このタイミングで贈与することも検討します。例えば、現理事長に対する退職金の支給や、多額の設備投資（建替え、医療機器購入）により多額の減価償却費が計上される、旧設備の除却が行われ多額の除却損が計上される等により損益が一時的に悪化し、出資持分の評価が一時的に下がることがあります。

３．贈与の方法〜暦年贈与と相続時精算課税贈与〜

　税法上、贈与には、暦年贈与と相続時精算課税贈与の２つの方法があります。以下で大まかに両制度の特徴をみていきます。

図表２　暦年贈与と相続時精算課税贈与の主な特徴

	暦年贈与	相続時精算課税贈与
贈与者	要件なし	贈与のあった年の１月１日において60歳以上の者
受贈者	要件なし	贈与者の直系卑属である推定相続人又は孫のうち贈与のあった年の１月１日において20歳※以上の者 ※2022年（令和４年）４月１日以後の贈与の場合は18歳
贈与税非課税枠	基礎控除110万円（１年間につき）	特別控除2,500万円（一生を通じて）
税率	累進税率 最低10%　最高55%	2,500万円の特別控除超過額につき一律20%

相続時	相続・遺贈により財産を取得した者が、被相続人から相続開始前3年以内に贈与を受けた財産の贈与時の相続税評価額を相続財産に加算 既に納付済みの贈与税額を差し引いて相続税の納付額を算出	贈与財産を贈与時の相続税評価額で相続財産に加算 既に納付済みの贈与税額を差し引いて相続税の納付額を算出

出所：YCG作成

　図表2に記載した特徴を踏まえると、一般的に「暦年贈与」は、財産を少しずつ移転するには、贈与税負担が軽くなるので、有効な方法といえます。一方、高額な財産を一括で贈与するには、税負担が重くなるため（最高税率55%）、不向きな方法であるといえます。

　「相続時精算課税贈与」では、特別控除2,500万円を超えた金額に対する税率が一律20%であるため、高額な財産の一括移転に有効といえます。また、相続時に相続財産に加算する額は贈与時の価額で固定されるため、今後値上がりが見込まれる財産の贈与方法としても有効といえます。一方、財産価値が下落した場合にも贈与時の相続税評価額で固定されてしまう点や、一度選択すると暦年贈与（毎年110万円の基礎控除枠）が使えなくなる点に留意が必要です。

4．後継者以外の相続人の遺留分

　出資持分を後継者に承継する際、他の相続人の遺留分に注意する必要があります。

　兄弟姉妹以外の相続人には、民法において遺留分と呼ばれる最低限の相続分の割合が認められています（例えば、配偶者と子が相続人である場合の遺留分は、法定相続分の2分の1）。財産の多くを出資持分が占

めるケースでは、贈与※2または遺贈により、後継者が出資持分を承継すると、出資持分を承継しなかった他の相続人の遺留分を侵害してしまう可能性があります。遺留分を侵害した場合、後継者は、他の相続人から遺留分侵害額請求を受けると、侵害額を他の相続人に支払う必要が生じます。

この問題の対策としては、現理事長の生前に後継者以外の相続人の理解を得ておくということがあります。家庭裁判所の許可を受け後継者以外の相続人に遺留分を放棄してもらうこともあります。それ以外の対策として、現理事長の出資持分を譲渡または払戻しにより金銭に変え、この金銭を後継者以外の相続人に遺贈する方法もあります。

5．持分の定めのない医療法人への移行

本節の最後に、承継方法の一つである、持分の定めのない医療法人への移行について解説します。

持分の定めのない医療法人は、文字通り出資持分がないため、承継財産自体がありません。言い換えると、持分の定めのない医療法人に移行することで、出資者は出資持分という財産を失う反面、出資持分の承継に際しての課税負担の問題が抜本的に解決されます。

ところで、持分の定めのない医療法人へ移行するためには、出資者全員が出資持分を放棄することが必要です。この際、原則として、放棄された出資持分の相続税評価額相当額につき、医療法人を個人とみなして贈与税が課されます。

※2　相続開始前1年間に行われた贈与は、遺留分算定の財産の価額に算入されます。当事者双方が遺留分権利者に損害を加えることを知って贈与したときは相続開始の1年前の日よりも前にしたものでも遺留分算定の財産の価額に算入されます。また、相続人に対して行われた婚姻もしくは養子縁組のためまたは生計の資本として受けた贈与については、相続開始前10年間、当事者双方が遺留分権利者に損害を加えることを知って贈与したときは相続開始の10年前の日よりも前のものでも遺留分算定の財産の価額に算入されます。

図表3　持分の定めのない医療法人への移行時における留意点

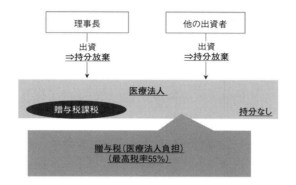

出所：YCG作成

　この趣旨は、もし出資者が出資持分を放棄していなければ、その出資持分に対して相続税が課されていたのに対して、相続前に出資持分を放棄すると相続税が不当に減少することにつながるため、医療法人に対して贈与税を課すことで相続税を補完することにあります。

　ただし、社会医療法人や特定医療法人に移行する場合には「相続税の不当減少」には当たらないとして、移行時の医療法人に対する贈与税が非課税とされています。

　また、持分の定めのない医療法人に移行するための移行計画につき、厚生労働大臣の認定を受け、この認定の日から3年以内に持分の定めのない医療法人に移行する場合には、持分放棄に係る医療法人への贈与税が非課税とされます。次節では、厚生労働大臣による認定制度について解説します。

28 「認定医療法人制度」とはどのような制度か？

Q 持分の定めのない医療法人への移行を円滑に進めるための制度として、認定医療法人制度があると聞きました。この制度について教えて下さい。

POINT 認定医療法人とは、持分の定めのある医療法人のうち、持分の定めのない医療法人への移行計画について厚生労働大臣から認定を受けた医療法人のことである。認定医療法人の出資持分を相続・遺贈により取得した者の出資持分に対応する相続税の納税は、移行期限まで猶予され、更に、移行期限までに相続人・受遺者が持分の全てを放棄すると、猶予税額が免除される。

また、認定医療法人の出資者の一部の者が持分を放棄した場合、放棄をしなかった他の出資者に対して課税される贈与税の納税が移行期限まで猶予され、更に、移行期限までに、受贈者が持分の全てを放棄すると、猶予税額が免除される。認定医療法人が移行期限までに持分の定めのない医療法人へ移行した場合には、移行の基因となる出資持分放棄につき医療法人に対して贈与税は課税されない。

認定の期限は、2020年（令和2年）9月30日までとなっているが、2023年（令和5年）9月30日まで延長される見込みである[1]

---

[1] 2020年（令和2年）度税制改正および「良質かつ適切な医療を効率的に提供する体制の確保を推進するための医療法等の一部を改正する法律案」（令和3年2月2日提出）。

A ●●●●●●●●●●●●●●●●●●●●●●●●●●●●●●●●●●●●●●●

　本節では、認定医療法人制度における課税関係、認定の要件および移行計画の認定から持分の定めのない医療法人への移行までの流れについて解説します。

１．認定医療法人制度創設の背景

　持分の定めのある医療法人から持分の定めのない医療法人への移行を促進するため、2014年度（平成26年度）の税制改正により、認定医療法人制度が創設され、認定を受けた医療法人の出資持分に係る相続税・贈与税の納税が一定の期限（移行期限）まで猶予され、移行期限までに出資持分を放棄すると相続税・贈与税が免除されることになりました（後述「２．認定医療法人制度における課税関係」(1)(2)）。

　ところで、医療法人の出資者全員が出資持分を放棄する場合、原則として、放棄を受けた医療法人は個人とみなされ、医療法人に対して贈与税が課税されます。つまり、持分の定めのある医療法人から持分の定めのない医療法人への移行のために出資持分が放棄されると、医療法人に対して、贈与税が原則として課税されることになります。

　この2014年度（平成26年度）の認定制度では、認定を受けた医療法人であっても「同族親族等関係者が役員等の総数の３分の１以下であること」等一定の基準を満たしていないときは、出資持分の放棄につき、医療法人に贈与税が課されるため、持分の定めのない医療法人への移行は進んでいませんでした。

　そこで、円滑な移行を促進するため、認定医療法人の出資者が出資持分を放棄し、持分の定めのない医療法人へ移行した場合には、医療法人に贈与税を課さないとする新しい認定制度が2017年度（平成29年度）税

制改正により導入されました。

　認定の期限は、2020年（令和2年）9月30日までとなっていますが、引き続き持分の定めのない医療法人への移行を促進するため、2023年（令和5年）9月30日まで延長される見込みです。

2．認定医療法人制度における課税関係

　認定医療法人の出資者および認定医療法人の課税関係は、以下の通りです。

(1)　認定医療法人の出資者の課税関係（相続税・贈与税の納税猶予・免除）

　①　相続税の納税猶予・免除

　　相続または遺贈により医療法人の出資持分を取得した者の出資持分に対応する相続税は、その医療法人が相続税の申告期限※2の時点で認定医療法人であるときは、移行期限（認定の日から3年以内）まで納税が猶予されます※3。また、出資持分の相続人・受遺者が移行期限までに、出資持分の全てを放棄した場合には、猶予税額が免除されます。

　②　贈与税の納税猶予・免除

　　医療法人の出資者の一部の者が持分を放棄すると、放棄をしなかった他の出資者の出資持分の価値が増加するため、放棄をした出資者から放棄をしなかった他の出資者に対して贈与があったとみなされ、放棄をしなかった他の出資者（受贈者）に対して、贈与税が課税されます。

　　出資持分放棄の時点で、その医療法人が認定医療法人である場合、

※2　相続開始から10か月。
※3　相続または遺贈により出資持分を取得した者が担保提供等すること等の手続きが必要。

　この贈与税の納税は、移行期限まで猶予されます※4。また、移行期限までに受贈者が持分の全てを放棄した場合には、猶予税額が免除されます。

(2)　認定医療法人の課税関係（贈与税の非課税）

　医療法人の出資者全員が出資持分を放棄した場合、原則として、医療法人に対して贈与税が課されます。

　一方、認定医療法人が移行計画に記載された移行期限までに持分の定めのない医療法人へ移行した場合、その移行の基因となる出資持分の放棄については、認定医療法人に対して贈与税は課されません。

　ただし、贈与税の申告書の提出期限から、移行後6年を経過する日までの間に、認定が取り消された場合には、贈与税が課されます。

図表1　認定医療法人制度における課税関係

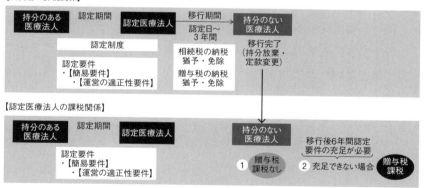

出所：厚生労働省のデータを基にYCG作成

※4　受贈者が担保提供等すること等の手続きが必要。

3．認定の要件

認定の要件は、以下の通りです。

(1) 簡易要件

① 移行計画を社員総会で議決

② 移行計画の有効性および適切性

持分の定めのある医療法人の出資者、社員その他法人の関係者において、

・十分な理解と検討の基に移行計画が作成されていること

・出資者等の持分の放棄等の見込みが確実と判断されること

・認定を受けた後の移行に向けた取組の予定について移行の期限までに実行可能と判断されること

等、移行計画の有効性および適切性に疑義がないこと

③ 移行期限

移行計画に記載された移行の期限が、当該認定の日から起算して3年を超えないものであること

※ただし、変更認定の場合には、当初認定の日から起算して3年を超えないものであること

(2) 運営の適正性要件

① 法人関係者に対し、特別の利益を与えないこと

② 理事、監事に対する報酬等が不当に高額にならないように支給基準を定めていること

③ 株式会社等に対し、特別の利益を与えないこと

④ 遊休財産額は事業に係る費用の額を超えないこと

⑤ 法令に違反する事実、帳簿書類の隠蔽等の事実その他公益に反する事実がないこと

⑥ 社会保険診療等（介護、助産、予防接種含む）に係る収入金額が

全収入金額の80％を超えること

⑦　自費患者に対し請求する金額が、社会保険診療報酬と同一の基準によること

⑧　医業収入が医業費用の150％以内であること

4．移行計画の認定から持分の定めのない医療法人への移行までの流れ

移行計画の認定から持分の定めのない医療法人への移行までの流れは、以下の通りです。なお、持分の定めのない医療法人へ移行した後は、持分の定めのある医療法人に戻ることはできません。

⑴　移行計画の申請

持分の定めのない医療法人への移行計画について、厚生労働大臣の認定を受けようとする持分のある医療法人は、移行計画認定申請書に移行計画を添付して、厚生労働大臣に提出します。

認定の期限は、2020年（令和2年）9月30日までとなっていますが、2023年（令和5年）9月30日まで延長される見込みです。

⑵　定款変更の申請～定款変更の認可、認可の報告

認定の通知を受けた医療法人は、認定後速やかにその旨を定款に記載するため、都道府県知事に、定款変更の認可申請をしなければなりません。定款変更の認可を受けた医療法人は、認可の日から3か月以内に厚生労働大臣にその旨を報告します。

⑶　移行計画の進捗状況の報告、持分の処分の報告

認定医療法人は、認定後移行期限内で、持分なし医療法人への移行を完了するまでの間、認定を受けた日から1年ごとに、3か月以内に厚生労働大臣に移行計画の進捗状況および運営に関する要件の充足状況を報告しなければなりません。また、出資持分の放棄や払戻、譲渡、相続、贈与等が生じた場合も同様に、3か月以内に厚生労働大臣に出資の状況

を報告する必要があります。

⑷　残余財産の定款変更の申請〜定款変更の認可、認可の報告

　認定医療法人は、移行期限までに、残余財産の帰属先を国等にする定款の変更を都道府県知事に申請し、認可を受けることにより、持分の定めのない医療法人への移行が完了します。この認可を受けた医療法人は3カ月以内に厚生労働大臣にその旨を報告します。

　2017年度（平成29年度）税制改正により、持分の定めのない医療法人への移行の基因となる持分放棄につき、認定医療法人に対する贈与税が非課税とされ、持分の定めのない医療法人への移行のハードルが下がりました。

　持分の定めのない医療法人への移行により、出資持分承継に際しての税負担の問題は、恒久的に解決されることになります。

　ただし、持分の定めのない医療法人への移行により、出資者は、出資持分という財産を失うことになります。認定ひいては持分の定めのない医療法人への移行の検討に際しては、この点も考慮することが望ましいと考えます。

29 医療法人が運営する病院のM＆Aの仕組み

Q 医療業界においてもM＆Aが行われています。医療法人が運営する病院をM＆Aで取得するための仕組みと検討する際のポイントについて教えて下さい。

POINT 医療法人が運営する病院をM＆Aで取得するためには、株式会社との違いを理解する必要がある。ケースに適したM＆Aの手法を選択すること、許認可や届出等の行政対応を遅滞なく行うことに加えて、M＆Aが患者・職員・地域の利益になるという、いわゆる大義名分があるかが重要なポイントとなる。

A

1．出資持分のある医療法人とは

医療法人とは、医療法に規定された「病院、医師もしくは歯科医師が常時勤務する診療所、介護老人保健施設又は介護医療院を開設しようとする」法人です。詳細は割愛しますが、医療法人は、財団か社団か、社団でも、持分が有るか無いか、に大きく類型化されます。

出資持分とは、2007年（平成19年）3月31日以前に設立された医療法人社団において、当該医療法人へ出資した出資者がその出資額割合に応じた財産、および解散時の残余財産を請求する権利です。出資持分は財産ですので、売買が可能です。

医療法人数の70％以上を占めるのが出資持分のある医療法人です。本節では、出資持分のある医療法人、つまり経過措置型医療法人（以下、単に「医療法人」と言う）におけるM＆Aについて解説します。

2．医療法人と株式会社の違い

　医療法人におけるM＆Aは株式会社のM＆Aと異なる点がいくつかあります。医療法人のM＆Aを理解するために、①出資持分と株式の違い、②機関設計と各構成員の選任方法、③代表権を有する者の要件、④その他論点という切り口から株式会社と比較しつつ、解説します。

① 株式と出資持分の違い

　株式とは、一般的に、株式会社が資金を出資してもらった人に対して発行する証券のことを指します。株式を保有することで得る権利は大きく3つあると言われています。

　　1．株主総会における議決権（≒社員権）
　　2．配当金等の利益分配を受け取る権利
　　3．解散時の残余財産分配権

　一方、医療法人における出資持分に関しては、出資した（持分をもっている）ことで得られる権利は、3の解散時の残余財産分配権のみです。つまり、出資持分には議決権はありません。厳密には議決権のない株式という種類もありますが、一般的に想定される株式との大きな違いは議決権の有無であると言えるでしょう。なお、医療法人は配当が禁止されているため、2については想定されていません。

　医療法人に対する議決権を得るためには、社員総会の構成員である社員になる必要があります。そして、一般的な医療法人の定款には、「社員資格を喪失した者は，その出資額に応じて払戻しを請求することができる」と定められています。つまり、出資者かつ社員である時のみ、社員ではなくなった時（退社と言います）に出資比率に応じた払い戻し請求権が認められています。

図表1　出資者、社員、理事の権利等

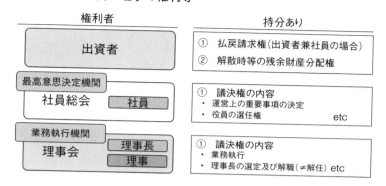

出所：YCG作成

② 　機関設計と各構成員の選任方法

　　医療法人は、社員で構成される最高意思決定機関としての社員総会と、業務執行機関である理事会によって運営されています。

　　社員総会は、定款変更や、合併・分割の同意、解散の決議等医療法人の組織そのものに関わる事項や、理事・監事の選任・解任、報酬額の決定（定款に額の定めがない場合）、社員としての入退社の承認等の重要事項を決議する機関です。社員総会の構成員である社員は、理事の行為差し止めや責任追及の訴え、解任の訴えを起こすことが可能です。

　　社員は出資持分の有無や出資額とは関係なく、1人1個の議決権を有します。例えば、1億円出資している社員と1円も出資していない社員の議決権は等しく1個です。この点も議決権のある株式の保有割合で決議される株式会社とは大きな相違点です。

　　なお、理事会は、理事長の選任と解職、競業・利益相反取引の承認、理事の職務執行の監督等法人の業務執行の決定を行う機関です。

図表2　株式会社との相違点

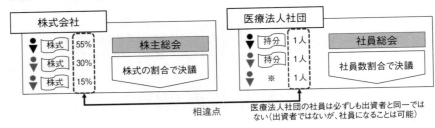

③　代表権を有する者の要件

　　医療法人の代表は理事長です。理事長は、理事会において理事の互選で選ばれます。また、医療法において、医療法人の理事長は原則、医師又は歯科医師と定められています。医師又は歯科医師でない者の実質的な支配下にある医療法人において、医学的知識の欠陥に起因し問題が惹起されるような事態を未然に防止するためとされています。

　　理事を変更する際、各都道府県へ役員変更届の提出が必要であり、理事長の交代時には、登記も必要です。

3．医療法人におけるM&A（経営権の掌握）

　　医療法人の経営権の掌握には、経営に関する意思決定権が掌握されているかという点と、財産としての出資持分が全て移転できているかという二点が大切です。

　　まず、意思決定権の掌握について解説します。前述の通り、社員総会と理事会の構成員である社員・理事を、それぞれ、意思決定に必要な人数を、経営権を譲り受ける側の人間で構成することが必要です。

　　決議事項に応じて必要となる同意の数や割合は異なります。例えば、

社員総会において、合併は全社員の同意が必要です。また、監事の解任には出席者員数の2/3以上の賛成が必要で、理事の選解任、事業報告書の承認等は出席者の過半数によって決議されます。また、理事会においては、理事長の選定及び解職等は、出席者の過半数によって決議されます。

　つまり、M＆Aにおいて、社員総会は、原則全社員、少なくとも2/3以上の社員を掌握すること、理事会は過半数以上を掌握することが必須です。そうでなければ重要決議を行うことができない可能性があり、経営権を掌握できている状態とは言えません。

　次に、2つ目のポイントである財産としての出資持分の取得について解説します。医療法人の出資者は、法人が解散をする場合の残余財産の分配を請求する権利（残余財産分配権）と、その出資者が社員であった場合は、退社時に出資割合に応じて払い戻しを受ける権利（払戻請求権）を有しています。

　M＆Aに際して、出資者が残ってしまうと、解散時に残余財産の分配を請求される可能性に加え、当該出資者が社員を兼ねている場合には退社時に払い戻しを請求されるリスクがあり注意が必要です。

図表3　社員、出資者の権利

権利者	行使できる権利
出資者	残余財産分配権
社員	議決権
社員兼出資者	払戻請求権

出所：YCG作成

４．医療法人のＭ＆Ａの手法（スキーム）

　出資持分のある医療法人がＭ＆Ａをする際に取り得るスキームは、事業譲渡、出資持分の譲渡、社員の退社・入社、合併です。各手法における主なポイントについて解説します。

① 事業譲渡について

　　病院の運営に必要な資産負債、契約関係等を譲り渡す手法です。引き継ぐ資産負債を個別に決定できるため、Ｍ＆Ａにおいて一般的に懸念される簿外債務等のリスクを切り離すことができます。

　　一方、事業の引継ぎに際し許認可を要する行政手続きが必要です。譲渡側では対象事業の廃止届、譲受側では開設の手続きを同時に行うことが求められます。つまり、行政手続きが煩雑であり、かつ開設許可が下りない懸念があるので注意が必要です。引継ぎ対象の病院が病床過剰地域に立地している場合、後述する通り、都道府県知事は許可を与えないことができるとされているためです。

② 出資持分譲渡

　　出資者の財産権である出資持分を譲渡する手法です。ただし、前述の通り、出資持分には議決権がありませんので、経営権を取得するためには併せて、社員・理事の交代が必要となります。

　　出資者は通常個人が想定されているようです。医療法人が出資持分を持つことは想定されていません。なお、株式会社等は保有することができます。ただし社員になれません。総じて、出資持分の譲渡額が多額に及ぶ場合、譲り受け側の資金調達に課題が残る場合があります。

③ 社員の退社・入社

　　社員の退社・入社とは、全社員の退社と新たな出資者兼社員による出資と入社により理事および理事長を変更し、経営権を取得するという手法です。なお、出資者を兼ねている社員が退社した場合、払戻請

求権が行使されると出資持分の割合に応じて払戻が発生します。

④　合併

　合併は、権利義務を包括的に承継する手法です。権利義務の移転が事業譲渡等に比べて比較的簡便であり、また、許認可の承継が可能であることが特徴です。なお、合併が効力を発生するためには許可が必要です。行政手続きの過程において医療審議会（知事の諮問に応じ，医療を提供する体制の確保に関する重要事項を審議する組織であり都道府県ごとに設置され、学識経験者等で構成されています）等の意見聴取が必要とされています。

4．病院のM＆Aに際して注意すべきこと

　これまで説明してきた通り、病院のM＆Aには各種の許認可を必要とすることがあります。選択する手法よっては、行政（医政局、医療審議会、地域医療構想調整会議等）への事前相談、許認可の再取得が必要となる場合もあります。これらの許認可は、都道府県知事によるところが多く、知事の判断で不許可処分とすることができます。都道府県によって許可、不許可の判断が異なる可能性があるので注意が必要です。

　一方、各種届出は、必要書類を指定された様式に基づき、漏れなく、遅滞なく提出すれば受理されます。具体的には、役員変更届、事業報告等提出書、医療法人の登記事項の届出等がそれにあたります。

　以上から、M＆Aの手法としては、役員変更届ですむ社員の退社・入社および出資持分譲渡が多く採用されるようです。

5．まとめ

　病院のM＆Aについて解説しました。これまで見てきた通り、病院のM＆Aの手続き上で最も注意すべき事項は、許認可を引き継げるかです。

事業譲渡は、行政手続き上は廃止届、新規開設の許可申請を行います。開設が許可されるかのポイントの一つが、その病院が所在する二次医療圏が病床過剰地域かどうかです。

　病院に関しては、病床の整備について、病床過剰地域から非過剰地域へ誘導することを通じて、病床の地域的偏在を是正し、全国的に一定水準以上の医療を確保する観点から、繰り返しになりますが、既存病床数が基準病床数を超える病床過剰地域では、原則、病床数の増加（新規開設や増床）は認められていません。※1

　ただし、病床過剰地域においても、当該医療法人の運営する病院が、該当地域について必要な機能を担い、M＆Aが病院の永続性に寄与すること、ひいては患者・職員・地域社会の利益になることを事前に説明し、所轄庁等に理解を得ることができれば、個別判断ではあるものの、例外的に許認可を得られる場合もあります。

　つまり、病院のM＆Aにおいては、患者・職員・地域社会の利益になるという、いわゆる大義名分があるかという点がまずもって重要となります。

※1　第3回医療計画の見直し等に関する検討会 平成28年7月15日資料1「基準病床について」よりYCGにて抜粋

30　経営戦略を実現するためのM＆Aの活用方法

Q　経営戦略を実現する手段として、どのようにM＆Aを活用することができるのか教えて下さい。

POINT　経営戦略を実現する手段としてM＆Aを活用する際は、どの様な課題を解決する必要があるのか、また、なぜM＆Aという手段が選ぶのかを考える必要がある。

解決すべき課題としては、外部環境の変化への対応や、地域におけるシェア拡大を狙った動きがある。

A　・・

経営戦略とは、医療機関においては、「どの様な患者（「誰に」）」に「どの様な医療サービス（「何を」）」を「どの様に」提供するか、であり、M＆Aは、経営戦略を実現するための手段の一つです。

病院における経営戦略の実行において、その手段としてM＆Aが活用されるケースが多いのは、①市場（需要、供給）を確保するための手段としてのM＆A、②拡大（成長）を規模または機能いずれかの面で実現するための手段としてのM＆A、です。

本節では、病院の経営戦略を実現する手段としてM＆Aがどのように用いられるかを解説します。

1．病院の経営戦略実行におけるM＆Aの活用
① 市場（需要、供給）確保型戦略におけるM＆A（図表１）

患者を確保する手段（需要面）としてM＆Aを検討するケースでは、

現在運営している病院を取り巻く市場が将来的に縮小傾向にあることが多いようです。特に、母体となる法人のある地域の人口減少が著しく、隣接する地域で人口増加または減少が緩やかな地域がある場合に取られる戦略です。

このケースでは、人口減少地域では自院の存続に対する危機感が強く、法人の生き残りをかけ、相対的に人口が増えている地域へ進出をする、あるいは主要事業を展開する地域を移転する等、いわゆる地域のポートフォリオの見直しを行う事例や母体法人への呼び水（患者受け入れ窓口機能）としてサテライト機能を都市部に設置する事例などがみられます。

労働力を確保する手段（供給面）としてM＆Aを検討するケースでは、需要はあるものの、医師や看護師等の専門職人材の確保が困難であり、需要を満たせない状況にある場合に取られる戦略です。

有資格者の採用は病院経営の基本的な課題の一つであり、都市部より地方がより深刻です。都市部に拠点を設けることで、子育て世代の進学を理由とした離職を防止する事例や都市部で若手人材を採用し、母体法人のある地域と配置転換を行うことで、人材不足を補うジョブローテーションを目的とした事例が見られます。また、近年、都市部において医療法人が医療系の専門学校をグループ傘下に収めるケースもあるようです。

相対的に対象患者や専門職人材が多い都市部において、あらたな収益機会の獲得や人材確保を模索している法人にとって、M＆Aを活用することは、自力での新規開設よりも期待する成果を早く上げることにつながります。

② 拡大（成長）型戦略におけるM＆A（図表2）

施設規模の拡大によるシェアアップの手段としてM＆Aを検討するケースでは、既存の施設が老朽化しており建て替えが必要で、かつ近隣に

図表1　市場確保型戦略におけるM＆A活用ケース

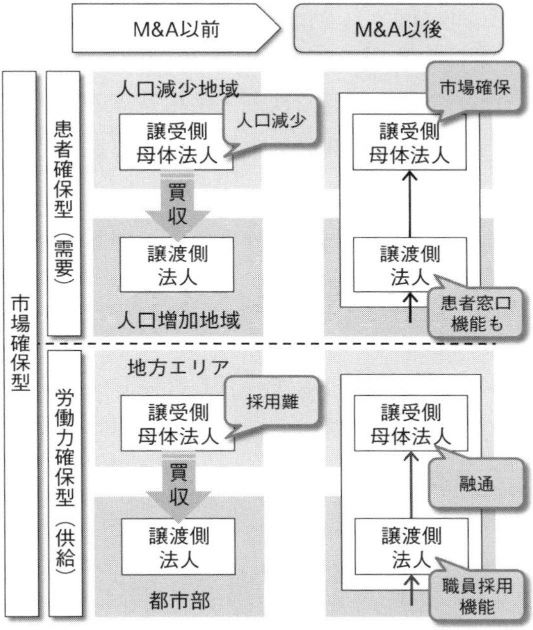

出所：YCG作成

も同様の課題を持つ法人がある場合が多いようです。特に地方都市のように、人口減少が著しい地域で検討される傾向があります。

　一般的には、自院と同様または類似の機能を持つ医療機関が競合として存在する場合、自院の収益を拡大することを狙って診療内容や附帯のサービスを差別化し、他の病院の患者を自院に導き、競合先との競争に勝つことが必要となります。

　しかし、医療事業においては、一般的にサービスの差別化が難しく、自院と競合先が共に疲弊することが懸念されます。そのため、患者の獲得競争を行っている病院間では、他方の病院をM＆Aすることによって

過度な競争を回避し、需要に見合った供給を行う体制構築が戦略上重要です。

競争環境の回避に加えて、同じ二次医療圏内※1での追加的な病床の確保は、病院当たりの間接部門や検査・手術室等の共通部門の面積の低減による設備効率の向上、各機能の集約、人的な経営資源の効率化・強化、いわゆるシナジー効果が期待できるかもしれません。副次的効果として、規模の拡大・機能の集約により地域における認知が向上すれば、職員採用に有利に働くことも考えられます。

多機能化による拡大（成長）の手段としてM&Aを実行するケースでは、同一医療圏内において、自院が所有しない診療科を獲得する方法と、自院に患者や利用者を供給する機能、または、退院先といった後方機能を獲得する方法とがあります。

規格拡大型、多機能型いずれのケースにおいても、戦略実現のためにM&Aが用いられます。戦略実現のためにM＆Aによって対象施設の機能を譲受けることは有用だと考えられます。

需要が減少局面にある地域においては、同一医療圏における病院間の機能棲み分け・連携が必要となってきています。そのため、統合によりグループ内に取り込んだ後に、機能転換を図り経営効率の向上を狙う事例も見られます。

2．戦略検討の背景とは

これまで説明してきたような戦略の背景には、病院が置かれている外部環境にも要因があります。それは2042年以降高齢者人口が減少するという需要面の予測と、1995年（平成7年）に8,716万人でピーク※2を迎え、

※1　医療法において、病床の整備を図るべき地域的単位であり、一般的な入院治療（救急医療を含む）が完結するよう設定された区域
※2　平成30年版高齢社会白書より

図表2 拡大（成長）戦略におけるM＆A活用ケース

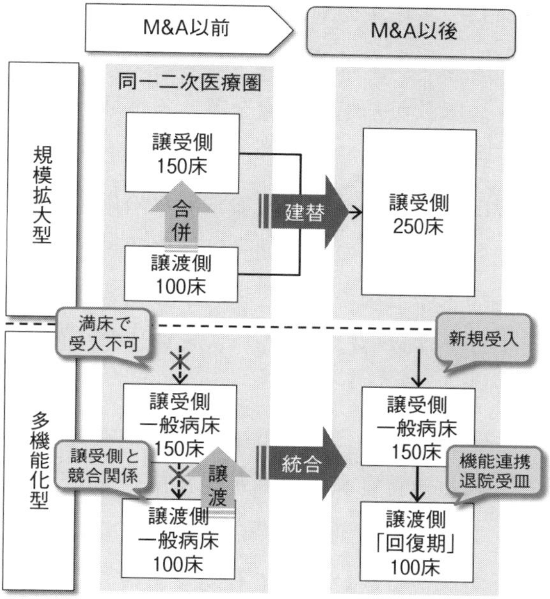

出所：YCG作成

その後減少に転じている15〜64歳人口（生産年齢人口）の減少という
供給面の予測です。前者は患者数の減少を意味し、後者は働き手の確保
競争が激化することを意味します。

3．M＆Aが用いられる制度的要因

　これらの課題に対応するため、①人口の多い都市部での新規患者や労
働力の確保、②既存の診療圏内における機能（役割）の拡大といった戦
略を実現すべく、M＆Aという手法が活用されています。その背景には、
総量規制という制度的要因が関係しています。

　総量規制とは、病床の整備について病床過剰地域（既存病床数が基準

257

病床数（地域で必要とされる病床数）を超える地域）から非過剰地域へ誘導することを通じて、病床の地域的偏在を是正し、全国的に一定水準以上の医療を確保することを目的とした制度です。所轄庁である都道府県の知事は、既存病床数が基準病床数を超える地域（病床過剰地域）では、開設・増床を許可しない[※3]という不許可処分という権限を有します。

そのため、救急医療のための病床や治験のための病床等、更なる整備が必要となる一定の病床以外の新規開設は原則許可されません。

従って、病院が病床の更なる確保を検討する場合、病床過剰地域においてはM&Aという手法以外は取れない、という制度的背景を理解しておく必要があります。

以上のように、経営戦略を実現する手段としてのM&Aは、戦略実現のために必要とされる経営資源と自院が現在持つ経営資源のギャップを埋める際、ギャップの解消が困難な場合や、自院で独自に取得するよりも総合的にコストがかからない場合に有効です。

なお、総量規制という、新規開設を選択できない制度的背景があるため、M&Aを選択せざるを得ないという事情もあり、引き続きM&Aが増加すると考えられます。

※3　第3回医療計画の見直し等に関する検討会 平成28年7月15日資料1「基準病床について」のデータを基にYCG抜粋、一部加工

31　M&A後の注意点とは？

Q　M&Aをした後の経営管理のポイントについて教えて下さい。

POINT
　一般企業と同様、病院経営においてもM&A後の経営管理の着眼点としてPMI（Post Merger Integration）は重要である。
　M&Aの効果を享受するためには統合後の管理体制の見直しが求められるが、現実はそうなっていないケースも散見される。
　なお、そもそもとして統合効果を発揮できる地理的関係性にあるかどうかを、M&A検討時に見極めておくことも重要である。

A

1．病院におけるPMIの必要性とは

　これまで解説してきた通り、医療業界においても、戦略目的を実現する手段としてM&Aは一般的に用いられています。ところで、M&Aをすれば目的を達成できるかというと、必ずしもそうではないことに注意が必要です。経営理論でよく指摘されている通り、PMI（Post Merger Integration）の取り組みが必須です。

　本節では、M&A後の注意点として、PMIがなおざりになってしまったためにM&Aが失敗してしまったケースを取り上げ、PMIの重要性について解説します。

　加えて、病院において、M&Aの効果を発揮するための基本的視点としての地理的関係性についても触れます。後段の議論はPMIの前提となる議論であり、M&A検討時に必要な着眼点としての位置づけです。

2．ケーススタディ

　A医療法人は人口10万人程度の地方都市に立地する急性期病院とケアミックス病院を運営する、安定経営を維持する法人です。外科系に強みを持ち、地域内の救急患者シェアは高く、中核的病院という位置づけでした。

　母体である急性期病院の、急性期予後の患者の受け皿を確保することを目的として、直線距離10km以内に立地するC病院を経営するB医療法人を買収しました。C病院は長らく赤字であり、B医療法人から請われて、救済的にグループ化したという経緯であったようです。

ケーススタディの法人概要

名称	医療法人A会	医療法人B会
所在地	人口10万人郊外都市	人口25万郊外都市
運営施設	・医療事業 　急性期病院　　200床 　ケアミックス　150床　〔直線距離10km〕	・医療事業 　ケアミックス　150床（C病院）
財務概要	医業収益　　　45億円 医業利益　　　3億円	医業収益　　　　30億円 医業利益　　▲1.5億円
現況と課題	外科系に強み 救急のシェア高い 利益率良好	医師を中心に職員高齢化 年功序列的な給与制度 給与水準が高止まりする一方医師のパフォーマンスが停滞 　A会が数年前に救済的に継承

出所：YCG作成

　ところが、A医療法人グループ下において運営するも、C病院の経営は一向に上向きませんでした。グループ全体としては黒字を維持しつつも、救済前と比較して財務体質が悪化したため、筆者がC病院の改善の方向性を模索するために現状分析を行いました。

　分析過程において、 A医療法人側の経営管理の実態把握のために法人本部へのインタビューを実施しました。また、 C病院側において現場で抱えている問題を抽出するために医師、看護師等の医療従事者へのインタビューも行っています。

　支援目的はC病院の改善プランの策定でしたが、本節テーマに即して問題を整理すると、大まかには以下のような問題が指摘できます。

1．A医療法人の法人本部がC病院をグループ病院と位置付けて管理・運営するに至っていないため、 2つの経営管理手法が併存する状態であった。加えて、 A医療法人側がB医療法人の経営（改善）への関与の程度は薄く、従って赤字体質が放置されていた。

　　現場レベルでの連携に関する議論もなく、病病連携を促進するような機能の見直しに関する検討もなされず、C病院単独で赤字を改善するための議論に終始していた。

2．1のような状況もあり、 C病院側職員にはA医療法人グループという認識がなく、依然として、B医療法人単独での運営病院としての認識に留まっていた。

　　財務情報を職員に公開していなかった経緯もあり、改善に向けた問題意識が醸成されていなかった。他面、 A法人本部からそういった類の発信も、一部の管理職を除いて、されていなかった。

3．そもそも、 A医療法人が運営する病院とB医療法人が運営するC病院は河川を隔てて立地し、患者、職員の生活圏が異なっているため、病病連携に向けた構造的問題が内在していた。買収目的としては退院後の受け皿確保であったが、買収時に十分な調査や議論を行っていないため当初想定したような効果を期待することができない状況であった。

医療に限らず、M＆A後は、傘下に収めることによって期待される成果（シナジー効果）を得るための統合プロセス、いわゆるPMIが重要です。本ケースは統合後において、買収目的を実現するための作業がなんらなされず、漫然とした経営管理により、依然として統合前の病院運営が放置されている状況でした。

　なぜ統合実務がなおざりになってしまったのでしょうか。推測するに、以下のようなことが考えられました。
・買収経緯が救済型であり、戦略的ではなかったこと
　（ただし、戦略的に赤字病院を買収し、統合過程でしっかり改善させるケースが大半であるため本件が稀）
・救済型であるがゆえ目的と手段の整合性検討が十分でなかったと思われること
・両者の直線距離は必ずしも遠くはないが、河川に阻まれて連携が想像以上に困難だったこと（この点も、買収前の検討が不十分であったために見過ごされたと考えられる）

　本ケースに限らず、自法人の中核エリアの事業と連携がとれない「飛び地」で医療機関や介護事業を運営しているケースは、本ケースに限らず、散見されます。話を聞くと、救済目的以外にも、許認可事業の公募が離れたエリアで行われたため、当該行政区の首長や関係者に依頼されて、やむなく開設したといった経緯があるようです。そうした飛び地における事業が芳しくないことは、既存事業の買収か新規事業かにかかわらず、珍しくありません。

　本ケースでは河川が連携の阻害要因となったように、患者（利用者）にも職員にも一定の生活圏があり、それを超える移動（異動）は敬遠されることが多くあります。医療・介護サービスの特徴の１つは需要と供

ケース1　失敗事例の要因イメージ

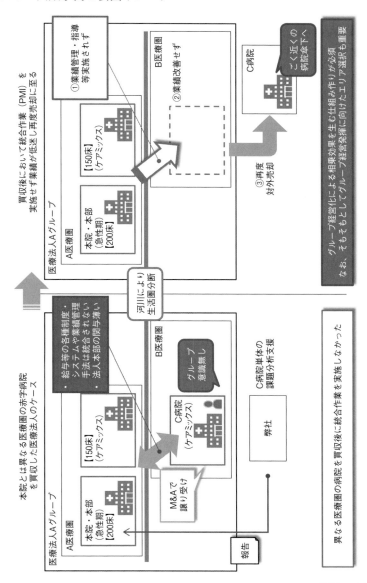

出所：YCG作成

給の地域性です。Ｍ＆Ａの検討において、この視点は重要です。

　多様な理由を背景にし、飛び地での事業運営を行っている事業者は多いようです。もちろん、こういったケース全てにおいて業況が悪いということではありません。しかし、医療・介護のサービス特性を踏まえると、一定の地理的範囲を念頭においた事業展開が基本であることに留意が必要です。

　ところで、本節の議論は、多様な地域や全国規模で事業展開をしている大手グループが存在し、積極的に事業規模を拡大している事実を否定するものではなく、本節の議論が矛盾するものでもないことを付け加えておきます。明確な目的意識、適切な管理手段が、複数地域事業展開には必要です。それらを欠いた事業展開の危うさを指摘したいというのが、本節の趣旨です。

　後日談となりますが、本ケースにおいて、筆者から改善プランを提示しました。しかし、法人本部の改善マインドは停滞したままであったためプランの実現までに至らなかったようです。結果として、数年後にＡ医療法人の手を離れ、Ｂ病院とごく近くの別法人に譲渡されることになってしまいました。

３．まとめ

　本節では、失敗事例からPMIの重要性について解説しました。Ｍ＆Ａは多大な投資となることが多く、仮に失敗すると甚大な損害を被るリスクの高い選択肢です。反面、期待効果は大きいわけですが、期待した効果を発揮するためには、そもそもとして統合効果を享受できるような地理的関係性にあるかという判断が重要です。そして、統合後の管理体制の見直しや連携を円滑にするオペレーションの改善に取り組む必要があります。

32　クリニック（診療所）のM＆Aの動向について

Q　クリニック（診療所）のM＆Aが増えているようです。診療所の経営者の特性や施設数の動向を踏まえて、M＆Aが増加している背景、想定される今後の見通しについて教えて下さい。

POINT　診療所のM＆Aが増加していると見られる背景の一つには、診療所経営者の年齢が高齢化していること、二つ目は仲介会社の医療への取り組み・サイト等のインフラの充実が挙げられる。三つ目は譲り受け側の医師が、一定の条件の基、新規開業に比べて承継開業にメリットを見出し、承継開業が一つの選択肢となっているためである。

一方で診療所の施設数が地域によってばらつきが大きいことから、地方における診療所のグループ経営や都市部における開設抑制の議論がなされているため、今後の動向には注意が必要である。

A

診療所のM＆Aの実数を把握する統計はありません。しかし、専門家やその周辺ビジネスの関係者の実感では、M＆Aの話が増え、診療所のM＆Aに関する技術的な問い合わせが増えているようです。

その背景には、診療所の経営者の高齢化に加えて、今までは旧知の医師を経由して行われていた第三者への医業継承による承継開業がオープンになりつつあることが要因と考えられます。

なぜ承継開業がオープンになりつつあるのでしょうか。その理由としては、例えば、医療機関の関係先を含め数多くの業界においてM＆Aが

増え、社会的認知を得たこと、Ｍ＆Ａの仲介会社やアドバイザーが医療機関向け支援に注力していること、各都府県医師会による医業承継の仕組みが整備され始めていること等が考えられます。

　医師会の取り組みに関して言えば、最近では、日本医師会と民間事業者が包括連携協定を締結したニュースや、福島県医師会の福島県医業承継バンク、京都府医師会の京都府医師会ドクターバンク、岡山県医師会医院継承バンク等各医師会の取り組みが後継者不足の問題解決の方策として報道されています。

　本節では、診療所における承継開業が注目される背景について、特に譲り渡し側の観点から、医師数や診療所経営者数の推移や平均年齢の変化等も踏まえて解説します。

１．診療所施設数の動向

　前述の様な医師会に代表される診療所の承継を促す動きの背景には、地方において診療所数が減少局面にあることが考えられます。

　例えば、診療所の純増減数（開設－廃止）を地域別にみると、2013年と比較して、2018年時点で施設数が減少している地域は47都道府県中27道府県です。

　また、開設された診療所の数をみると、2009年以降、全体としては増加傾向にあります。しかし、よく見ると、政令都市、中核都市での開業が増え、開業が都市部に偏っているようです。地方においては、既に高齢者人口の減少が始まっている地域もある等、新たに開業を考える際、将来の医療需要の動向に不安があるため、人口減少が比較的緩やかで、運営が見通しやすい都市部に開業が集中していることが想定されます。

　一方、リタイアを考える診療所の開設者または法人の代表者（以下、経営者）がこれらの情報を見聞きし、患者の引継ぎ先への紹介や建物等

の資産がある場合の処分等、廃業という選択肢よりもメリットを見出し、
M＆Aが医業承継の選択肢の一つになりつつあると考えられます。

　開業を検討している医師にとっても、承継開業は新規開業に要するコ
ストより低く抑えられるケースがあります。既に患者がいることから開
業当初の赤字も含めた運転資金が少なくて済むためです。こうして、経
済的メリットやリスク低減を狙って承継開業が選択肢となるわけです。

２．医療機関の経営者数と診療所数の変化

　2002年当時、診療所の医師のうち経営者は69,936人で、その割合は
77.3％でした。また、94,819ある診療所の内、医療法人立が27,108施設、
個人立が52,326施設で合計は79,434施設です。つまり、経営者の数
69,936人と医療法人立と個人立の合計の施設数79,434施設との差である
9,498施設が他の医療法人立の診療所や病院の傘下であったことが想定
されます。

　2018年時点における変化について見ていきましょう。経営者数は
71,709人に対し、個人立41,444施設と医療法人立42,822施設の合計が
84,266施設であることから、その差である12,557施設が他の医療法人立
の診療所や病院の傘下で開設あるいは譲り受けられた施設であったこと
が推測されます。

　つまり、他の医療法人立の診療所や病院の傘下と思われる2002年当時
の施設数9,498施設と、2018年の施設数12,557施設の差の3,059施設は、
既存の医療法人の傘下で新たに開設あるいは譲り受けられた施設である
と推察されます（図表１）。

３．診療所の経営者の高齢化

　診療所の開設者の平均年齢は、2010年まではほぼ横ばいで60歳以下で

診療所医師数	2002	2018	
医師数	90,443	103,836	
うち、診療所の開設者又は法人の代表者※	69,936	71,709	…①
割合	77.3%	69.1%	

診療所施設数	2002	2018	
施設数	94,819	102,105	
うち、医療法人立	27,108	42,822	
うち、個人立	52,326	41,444	
医療法人・個人の施設数合計　　合計	79,434	84,266	…②

法人・個人の施設数合計と経営者数との差	2002	2018	
	9,498	12,557	…③＝②−①

※経営者

出所.：厚生労働省「医師・歯科医師・薬剤師統計　医療施設（動態）調査・病院報告」の概況データを基にYCG作成

した。その後上昇し、2018年には61.7歳に達しています。診療所の開設者または法人の代表者の平均年齢は、2002年では59.5歳であったのが、2018年では61.7歳と2.2歳高齢化が進んでいます（図表2）。

図表2　経営者医師の平均年齢（歳）

	2002	2018	差
総数	59.5	61.7	2.2
男	60	62	2
女	58	59	1

出所：厚生労働省「医師・歯科医師・薬剤師統計」のデータを基にYCG作成

3．後継者不在

　日本医師会が実施した医業承継実態調査によると、後継者候補なしと回答した診療所は50％を超えています（図表3）。

図表3　後継者の有無と意思確認の状況

	総数	意思確認済	意思未確認	後継者候補なし
有床診療所	121	40	34	47
無床診療所	858	171	237	450
合計	979	211	271	497
		21.6%	27.7%	50.8%

出所：日本医師会「医業承継実態調査2020年1月6日」のデータを基にYCG作成

　その理由をみると後継者不在であることが54.9％を占め、次いで医師の後継者はいるが承継の意思がないことが25.6％と合わせて全体の80％以上を占めています（図表4）。

図表4　後継者がいない背景事情

	総数	医師の後継者不在	継がせたくない	承継の意思なし	その他
有床診療所	47	29	3	9	6
無床診療所	450	244	27	118	61
合計	497	273	30	127	67
		54.9%	6.0%	25.6%	13.5%

出所：日本医師会「医業承継実態調査2020年1月6日」のデータを基にYCG作成

4．診療所のM＆Aに関する今後の流れ

　これまで、診療所経営者を取り巻く環境について触れてきました。今後、承継開業は増えるでしょうか。

　診療所を取り巻く制度環境についてみてみましょう。2018年（平成30年）12月26日に開催された医師需給に関する検討会では、無床診療所の開業が都市部に偏在していることの対策として「グループ診療の推進、医療設備・機器等の共同利用等の、充実が必要な外来機能や充足している外来機能に関する外来医療機関間での機能分化・連携の方針等についても、併せて協議を行い、地域ごとに方針決定できるようにするべきである。」との提言がなされています。

　一方で「制度による開業抑制や求められる医療機能補填に関する強制力」を無床診療所に対し行うことに関しては、①医師免許が開業免許であり開業する自由が与えられていることとの関係、②どこでも同一の医療を受診できることを基本とした国民皆保険との関係、③新規参入抑制による医療の質低下への懸念、④駆け込み開設への懸念等が考えられ、今後の議論が求められています。

　つまり、地域の実情に合わせた外来医療を実現するため、グループ化による効率化や、機能分化による連携体制の構築がますます求められるようです。現状よりは地方における承継開業も増えることが想定されますが、前述の理由から開業と廃業のギャップの是正は容易ではありません。従って、これらの地域では、承継開業は限定的にならざるを得ないと考えられます。

5．まとめ

　第三者への承継を希望する経営者の数は、高齢化により、ますます増加すると見られます。しかし、政令指定都市や中核都市等の都市部に開

業が偏り、地方では開業数がそもそも少ない傾向にあるという、地域間ギャップが存在しています。従って、仮に、各医師会の協力の基でM＆Aのマッチング支援が拡充されたとしても、地方でのマッチングは、開業を希望する医師と譲り渡したい経営者の診療科の違いや、希望する対価とコストの問題等、各種の条件交渉の調整が難航し、思うように進まないことが想定されます。

　なお、都市部に目を転じると、筆者の経験では、地方に見られる診療科の問題や価格の問題に加えて、譲り渡す経営者の出身大学や所属医局と、譲り受ける側のそれが異なることによる医療連携の難しさや非常勤医師の派遣の可否、既にそのエリアにある診療所からの反対等によりM＆Aが成就しなかった事例もあると聞きます。

　以上のように、地方においても、都市部においても承継開業に関しては、それぞれの課題があり、その解決は容易では無いと感じています。ともあれ、診療所機能は地域に必要なインフラであり、後継者候補が不在である場合は第三者承継を含めた選択肢をもち、リタイアする直前で検討するのではなく、長い目線で考える必要があるでしょう。

介護業界におけるM＆Aの変遷と近年の動向

　他の業界同様、介護業界においてもM＆Aが増加しています。調査会社のデータによると、介護事業およびその周辺の買収や資本参加は、2019年1 ～ 6月に63件と前年同期より7割増えたとされています。

　介護業界およびその周辺でM＆Aが増加している背景は、2（14ページ）で触れたように、業界がまだ成熟していないためです。加えて、規制の影響や、近年においては深刻な経営課題である人材不足への対応といった動機もあります。総じて、今後も、M＆Aは増えるとみられます。

　本コラムでは介護業界におけるM＆Aの動向について見ていきます。

1．M＆Aの黎明期——M＆Aによる異業種の新規参入

　介護保険法施行以前、高齢者福祉は老人福祉法の基で行われる行政サービスが中心でした。介護保険法施行後、ニチイ学館をはじめとした一般事業会社が新規参入したという歴史があります。当時、多くの事業者は、M＆Aによる参入ではなく自ら事業展開する手法が用いられていたようです。

　2006年4月の改正介護保険法の施行により始まった特定施設※1の総量規制によりM＆Aでの参入事例が増加します。総量規制とは、

※1　特定施設とは、有料老人ホームその他厚生労働省令で定める施設で、入所している要介護者等に対して厚生労働省が定める入浴、排せつ、食事等の介護、日常生活上の世話、機能訓練および療養上の世話（特定施設入所者生活介護）を提供できる施設。いわゆる介護付き有料老人ホームを指す。

介護保険事業計画（介護サービスの供給を計画的に整備するための指針）の達成に支障が生じる場合等においては、事業者の新規指定等をしないことができるとされた規制のことです。特定施設（いわゆる介護付き有料老人ホーム）等に対する規制であり、これにより地域によっては特定施設を新規展開することに制限が加わりました。短期的には、既に運営されている特定施設を買収するしかありません。病院の病床と同様に既存施設に既得権が発生し、M＆Aが成立する条件の一つとなりました。

　この時期にM＆Aを活用した住宅メーカーや建設会社等の異業種からの参入が相次いだ模様です。

２．M＆Aの成長期──中堅・大手事業者のM＆A

　介護事業は、施設系サービスであれば、施設を建設する用地が必要であり新規参入時の投入資源が膨大になります。なお、介護サービスの需要は、用地の取得が難しい都市部に集中しています。そのため、介護事業へ参入する際や事業拡大の手段としてM＆Aを選択する企業が増えています。用地が確保しづらい等の理由により、自社による新規開発が、少なくとも短期的に行うには厳しくなっている現状があるためです。

　大手の介護事業者は、管理コストの抑制や介護人材の融通等を目的に自社の展開する近隣エリアで同様のサービスをドミナント展開する傾向がありました。その一環として、後継者不在や経営難に陥っている周辺の同業を買収し、施設開設のコスト抑制を図っていました。ところが、近年のM＆Aにおいてはいくつか異なる傾向が見られます。

　例えば、デイサービス事業者が施設・居住系サービスのグループ

ホームへ参入する等、利用者の多様なニーズをカバーすべく事業展開するケースが見られるようになりました。例えば、建築請負事業者の大東建託が、デイサービスを中心に介護事業を展開していましたが、在宅介護サービスを中心に提供（当時）するソラストに100億円規模の出資をしたのもその一例と言えるでしょう。

　また、2018年９月には、グループホーム事業最大手のメディカル・ケア・サービスが学研の傘下に入りました。その結果、学研は、昨年11位であった居室数ランキングで４位※2に浮上しました。サ高住を展開している学研とグループホーム等で培ったメディカル・ケア・サービスの認知症ケアの強みを活かし地域包括ケアを強化することが目的だとされています。

３．今後の展望とまとめ

　以上、介護業界におけるＭ＆Ａの変遷について見てきました。

　今後、少なくとも2040年までの高齢者人口の増加を背景に成長するとみられる介護マーケットへの新規参入、または規模拡大を目的としたＭ＆Ａだけでなく、介護サービスの周辺業種や高齢者をターゲットとした保険外のサービスへの参入のためのＭ＆Ａが増えてくると見られます。

　売却側においては、経営者の高齢化や後継者難といった日本全体の共通課題に加え、介護報酬改定による収益性の低下リスクや、人材不足による事業継続リスクといった業界独自の課題に対応するために売却の意思決定が増えてくるものと予想されます。

　今後は、大手事業者同士や大手と中堅事業者の提携が更に進み、周辺事業を営む大手企業と中堅事業者の提携、事業者が取り扱う情

※2　高齢者住宅新聞による調査（2019年８月末時点、調査期間2019年５ 〜 ８月）

報等の取得を目的としたIT系事業者等の異業種参入の動きも活発になると想定されます。介護業界における業界の垣根を越えたM＆Aによる再編も注目されます。

☐　病院の主要な経営資源は「ヒト」であり、いかにモチベーション高く業務に従事してもらうかが病院運営においては重要である。

☐　管理職に対して、組織横断的な視点で部署運営を行うことができるような研修・育成が必要となる。

☐　医療機関においては特に同一労働同一賃金に注意が必要である。

☐　持分のある医療法人において、出資持分の承継方法は
　①　相続または遺贈による移転
　②　贈与による移転
　③　譲渡による移転
　④　医療法人から出資持分の払戻し受ける方法
　⑤　持分の定めのない医療法人への移行
　の5つに大別される。

☐　認定医療法人とは、持分の定めのある医療法人のうち、持分の定めのない医療法人への移行計画について厚生労働大臣から認定を受けた医療法人のことである。認定医療法人の出資持分を相続・遺贈により取得した者の出資持分に対応する相続税の納税は、移行期限まで猶予され、更に、移行期限までに相続人・受遺者が持分の全てを放棄すると、猶予税額が免除される。

☐　医療法人が運営する病院をM&Aで取得するためには、株式会社との違いを理解する必要がある。ケースに適したM&Aの手法を選択すること、許認可や届出等の行政対応を遅滞なく行うことに加えて、M&Aが患者・職員・地域の利益になるという、いわゆる大義名分があるかが重要なポイントとなる。

☐　経営戦略実現の手段としてM&Aという手段を活用する際は、

どの様な課題を解決する必要があるのか、また、なぜM＆Aという手段を選ぶのかを考える必要がある。

☐　統合効果を発揮できる地理的関係性にあるかどうかを、M＆A検討時に見極めておくことも重要である。

☐　診療所のM＆Aが増加していると見られる背景の一つには、診療所経営者の年齢が高齢化していること、二つ目は仲介会社の医療への取り組み・サイト等のインフラの充実が挙げられる。三つ目は譲受側の医師が、一定の条件のもと、新規開業に比べて承継開業にメリットを見出し、承継開業が一つの選択肢となっているためである。

山田コンサルティンググループ株式会社

　「中堅・中小企業のあらゆる経営課題を解決する」という方針のもとに、事業承継・M＆A、経営戦略、人事コンサルティング、海外事業支援、事業再生、不動産コンサルティング、教育研修事業などを手掛け、様々な業種・規模の企業に対しワンストップでコンサルティングサービスを行う。

　事業承継コンサルティングでは、中小企業から上場会社オーナーまで数多くの実績を有する。

　2019年2月東証一部に市場変更。

執筆者・監修者　（五十音順）

東　　聡司

泉　　真一

海内　志保

川村　和人

島崎　明

佛下　康平

増井　浩平

渡辺　茂徳

業界研究ガイド
医療・介護業界の課題と経営改善のアプローチ

令和 3 年 3 月12日　初版印刷
令和 3 年 3 月22日　初版発行

不　許
複　製

編著者　　山田コンサルティンググループ株式会社
　　　　　ヘルスケアコンサルティング事業部

（一財）大蔵財務協会　理事長
発行者　　木　村　幸　俊

発行所　　一般財団法人　大　蔵　財　務　協　会
〔郵便番号　130-8585〕
東京都墨田区東駒形1丁目14番1号
（販　売　部）TEL03（3829）4141・FAX03（3829）4001
（出版編集部）TEL03（3829）4142・FAX03（3829）4005
http://www.zaikyo.or.jp

乱丁・落丁はお取替えいたします。
ISBN978-4-7547-2871-7　　　　　　　　　　　　印刷　恵友社